刊行のことば

現行憲法の下で、帝国議会は国会となり、貴族院は参議院へ引き継がれた。尚友倶楽部（前身・研究会、尚友会）は、明治以来、貴族院の選出団体として重要な役割を果たしてきたが、戦後は、純公益法人として、日本文化の国際的理解に役立つと思われる、公益事業や、学術団体、社会福祉、などへの援助を中心に活動をつづけている。

近現代史に関連する資料の公刊もその一環である。昭和四十六年刊行の『貴族院の会派研究会史・附尚友倶楽部の歩み』を第一号として、平成二年までには十二冊の「尚友報告書」を発表した。平成三年刊行の『青票白票』を第一号とする「尚友叢書」は、平成二十六年には三十五冊となり、近現代史の学界に大きく寄与している。

一方「尚友ブックレット」は、第一号『日清講和半年後におけるドイツ記者の日本の三大臣訪問記』を平成六年に非売品として刊行し、以後二十八冊を刊行し今日に至っている。「尚友ブックレット」は、原文書のみならず関連資料も翻刻刊行してきているが、未公開の貴重な資料も含まれており、一般の方々からも購入の要望が多く寄せられてきたので、二十一号から一般にも入手できるような体制を整えてきた。

今回刊行の第二十九号は、内閣書記官長、貴族院議員、兵庫県知事、行政裁判所長官、神奈川県知事、枢密顧問官等を歴任した男爵周布公平の関係文書を取り上げた。

今後も、研究等に、有効に、より広く用いて頂き、近現代史の学術研究に大きく役立つことを願っている。

二〇一五年十月

一般社団法人　尚友倶楽部

理事長　波多野敬雄

周布公平（明治40年代）

山県有朋と（明治30年代前半）

毛利敬親銅像除幕式（明治33年4月15日　於山口市亀山公園）

周布公平　野村 靖　山口素臣　杉孫七郎　木戸孝正　井上 馨　真鍋 斌　伊藤博文　児玉少介

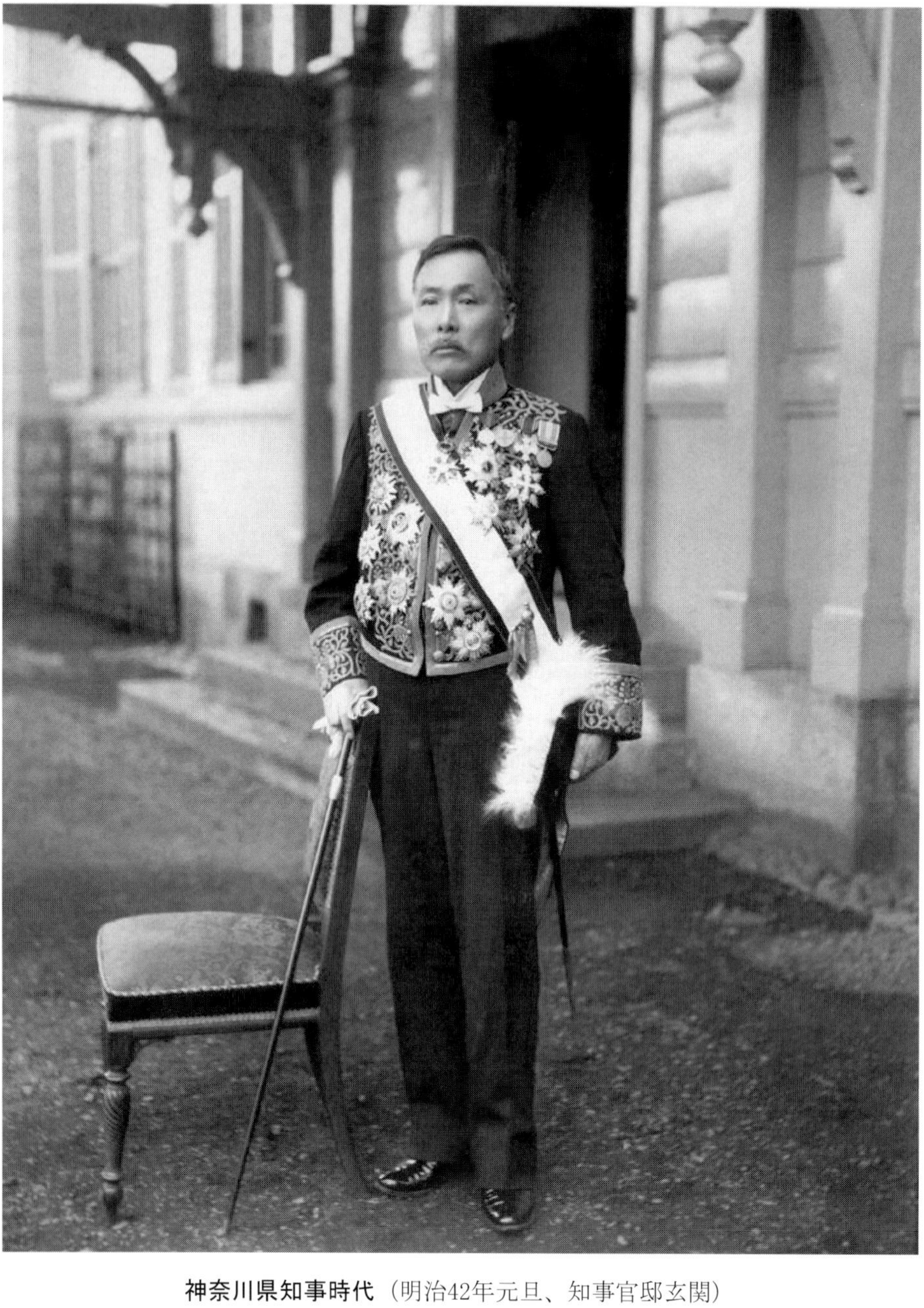

神奈川県知事時代（明治42年元旦、知事官邸玄関）

天長節記念（明治40年11月3日）

碇山　晋

大里慶次郎

八戸厚一郎

堀田　貢

坂田幹太

不明

湯浅倉平

周布公平

石井謹吾

坂　仲輔

不明

※不明の二名は、高橋辰馬と岡田佳太郎

日露戦争凱旋観艦式後の神奈川県知事主催歓迎会
（明治38年10月25日　知事官邸）

小倉鋲一郎　周布兼道
斎藤孝至　周布千代子
武富邦鼎カ　島村速雄
藤井較一
周布貞子　不明
上村彦之丞　中尾雄
山田彦八　清河純一
東郷平八郎
出羽重遠　井上敏夫
周布公平　森山慶三郎
三須宗太郎　片岡七郎　不明
不明
不明　東郷正路
谷口留五郎
加藤友三郎
四竈孝輔カ
山屋他人
市原盛宏　不明
不明

谷口留五郎
市原盛宏
周布兼道
斎藤孝至
加藤友三郎
不明
藤井較一
片岡七郎
周布公平
山屋他人
周布貞子
井上敏夫
四竈孝輔カ
周布千代子
上村彦之丞
瓜生外吉

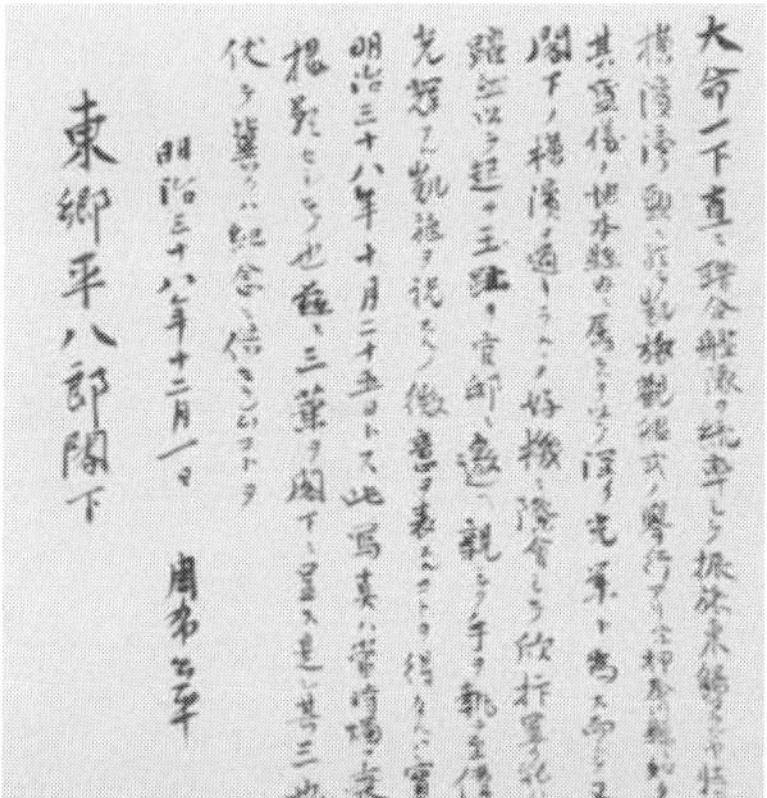

大命一下直ニ聯合艦隊ヲ統率シテ振旅東歸シ給ヒ特ニ
横濱湾頭ニ於テ[illegible]觀艦式ノ擧行アリ[illegible]
其盛儀ハ[illegible]本縣ノ[illegible]ヲ深ク光榮ト為ス而シテ又
閣下ノ横濱ニ過ラレシノ好機ニ際會シテ欣抃[illegible]
[illegible]ヲ王[illegible]ニ邀ヘ親シク手ヲ執リ[illegible]
光榮アル凱旋ヲ祝スルノ微意ヲ表スルヲ得タルハ實ニ
明治三十八年十月二十五日ナリ此寫真ハ當時ノ[illegible]
撮影セシモノ也[illegible]三葉ヲ閣下ニ呈ス是レ其三也
代ヲ[illegible]ノ紀念ニ供センコトヲ
明治三十八年十二月一日　周布公平
東郷平八郎閣下

東郷平八郎に謹呈する旨の裏書
明治38年12月1日付

皇女を囲んで（明治41年秋～42年）
傘をさしているのが房子内親王か昌子内親王、白髯の人物は佐佐木高行

船上での記念撮影（明治41年6月13日）

天長節奉祝宴会記念（明治44年11月3日）

神奈川県知事官邸にて（明治39年元旦）

兼道

千代子　公平　貞子

周布兼道・副島鑑子婚儀（明治45年1月24日、媒酌は桂太郎と毛利正子）

正装の周布貞子

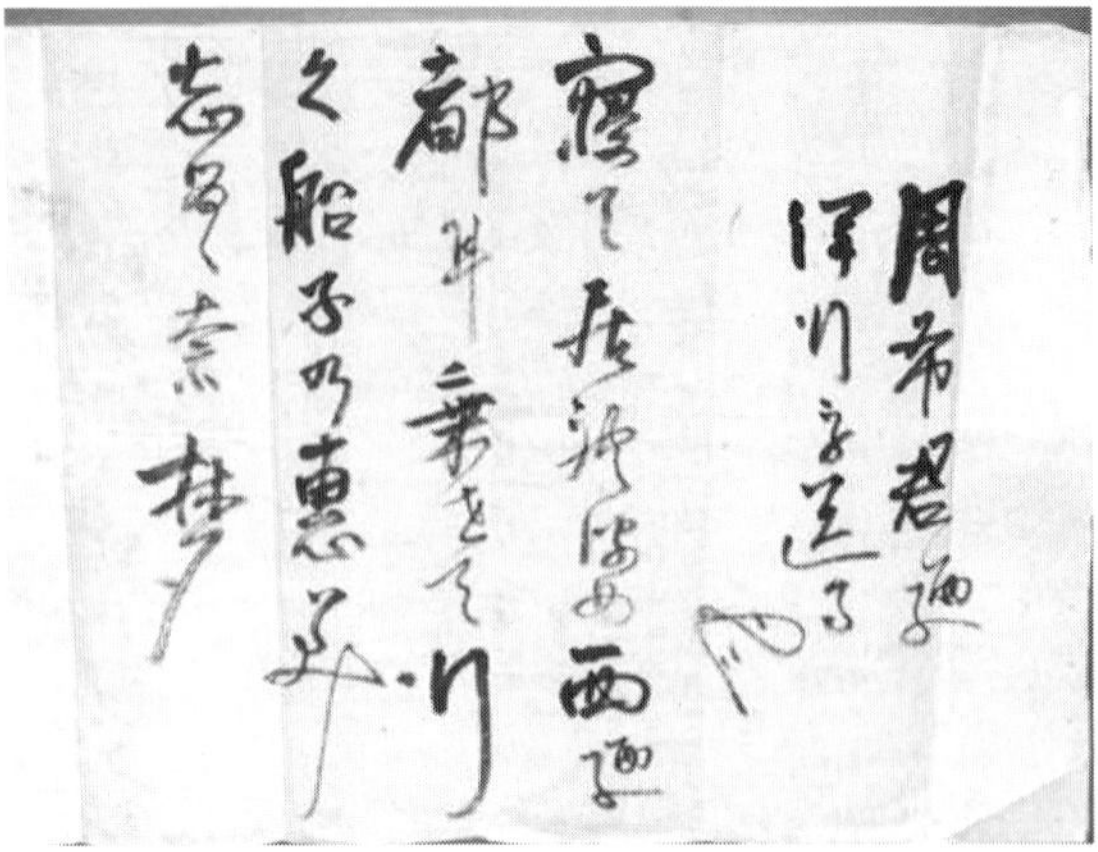

杉孫七郎書翰　明治二十年十月八日
杉と品川弥二郎から渡欧する周布に贈られた送別の狂歌

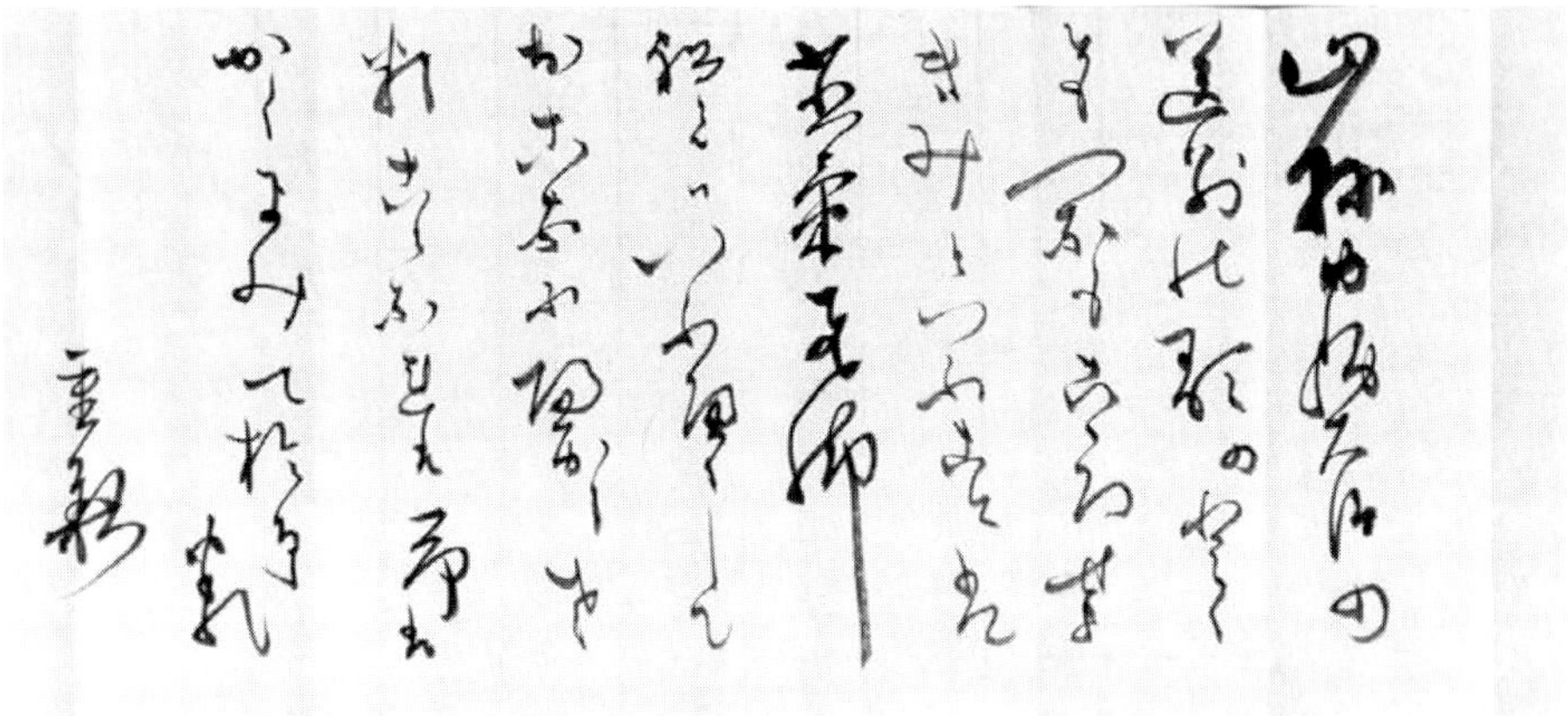

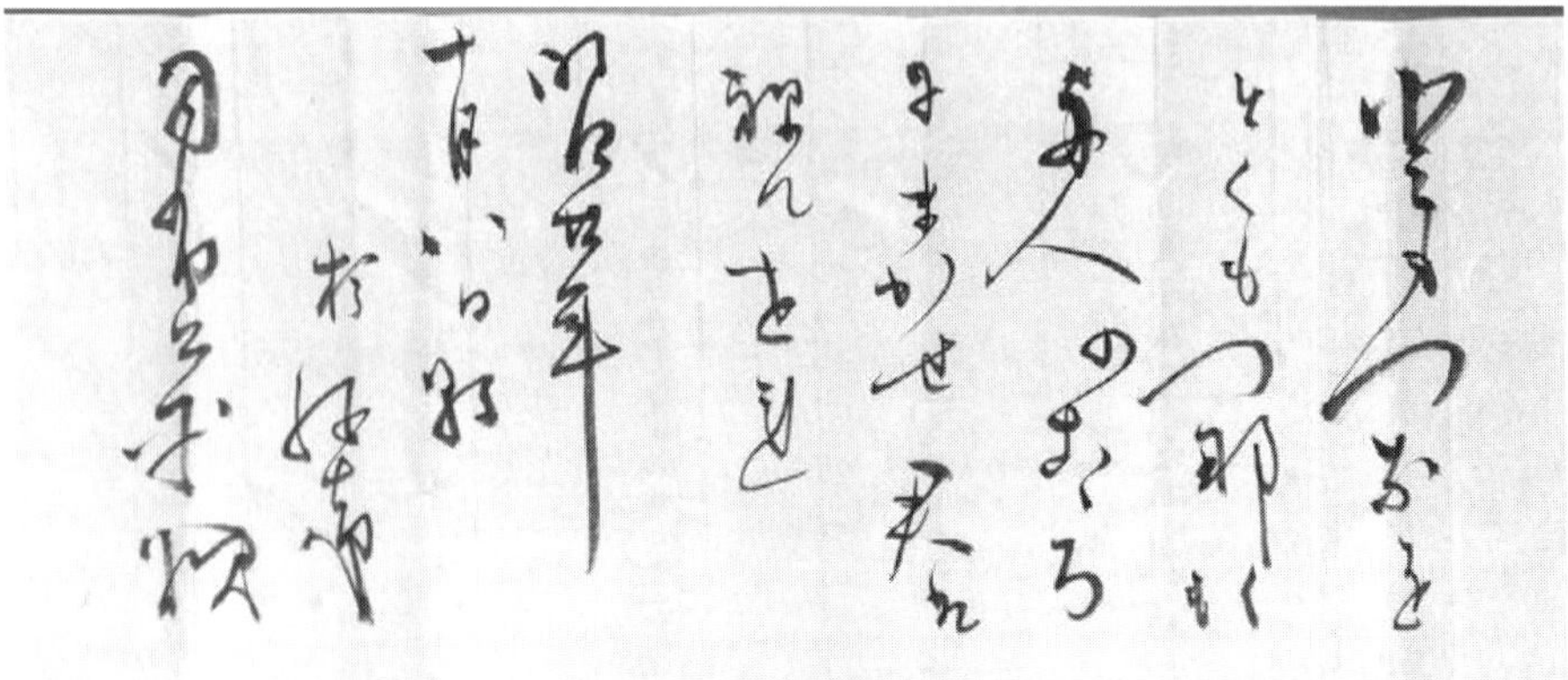

山県有朋書翰

明治二十四年三月二十三日

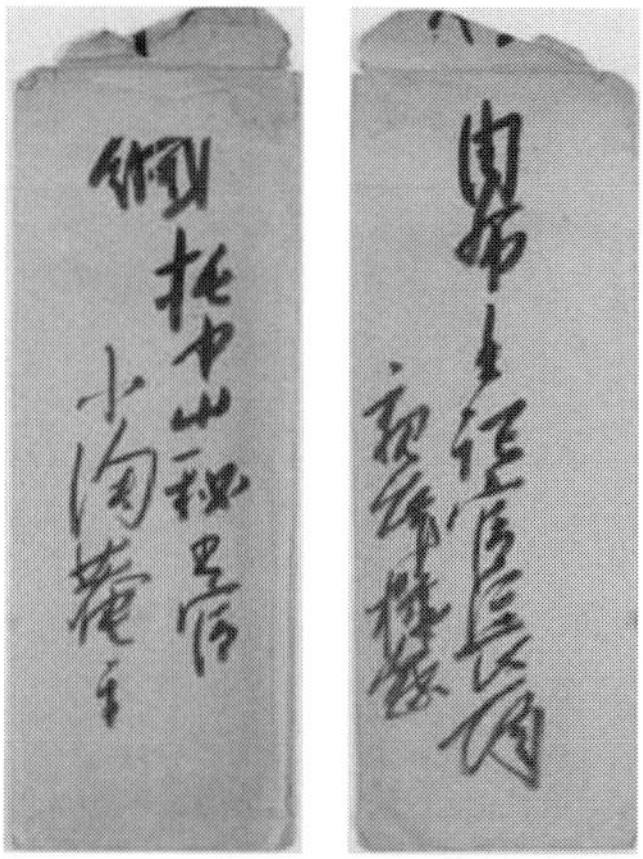

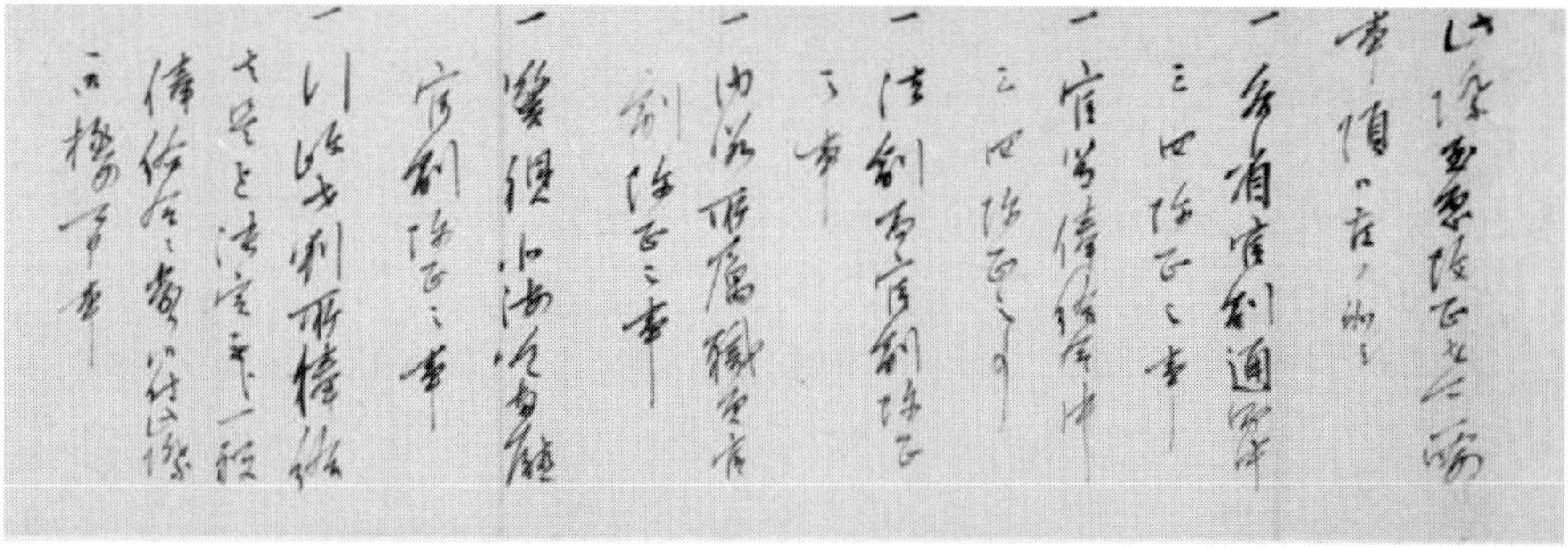

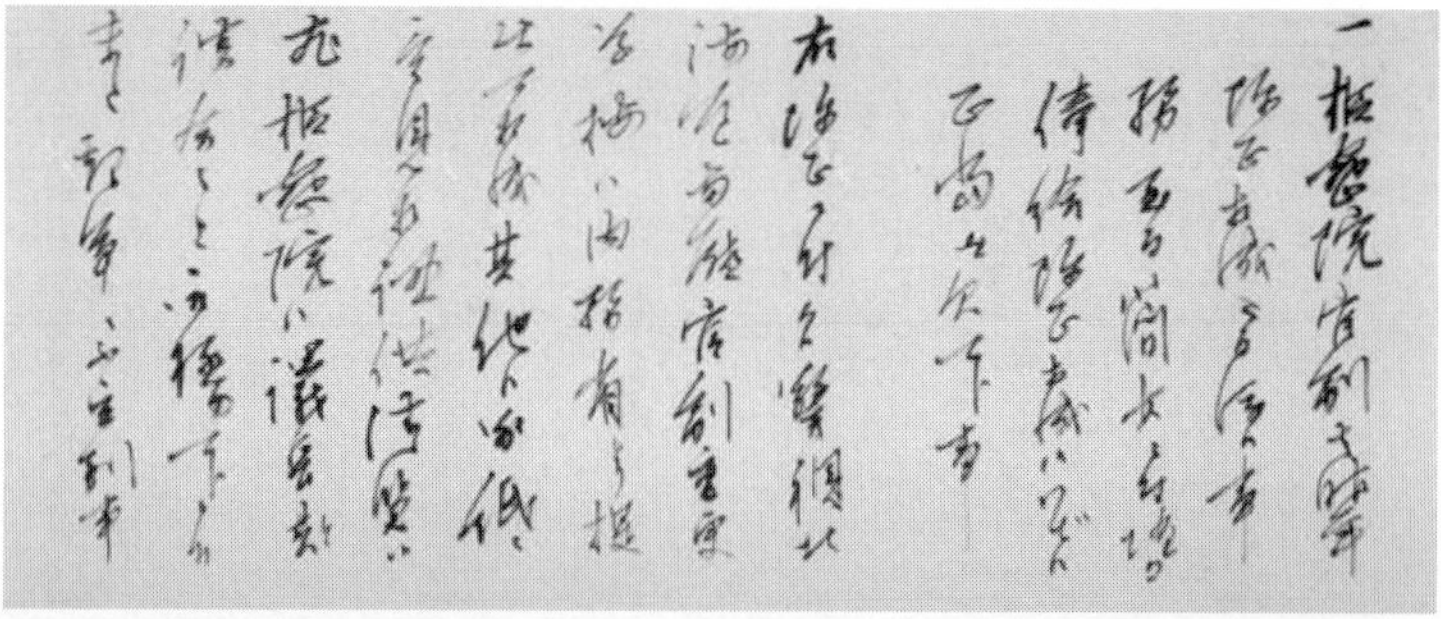

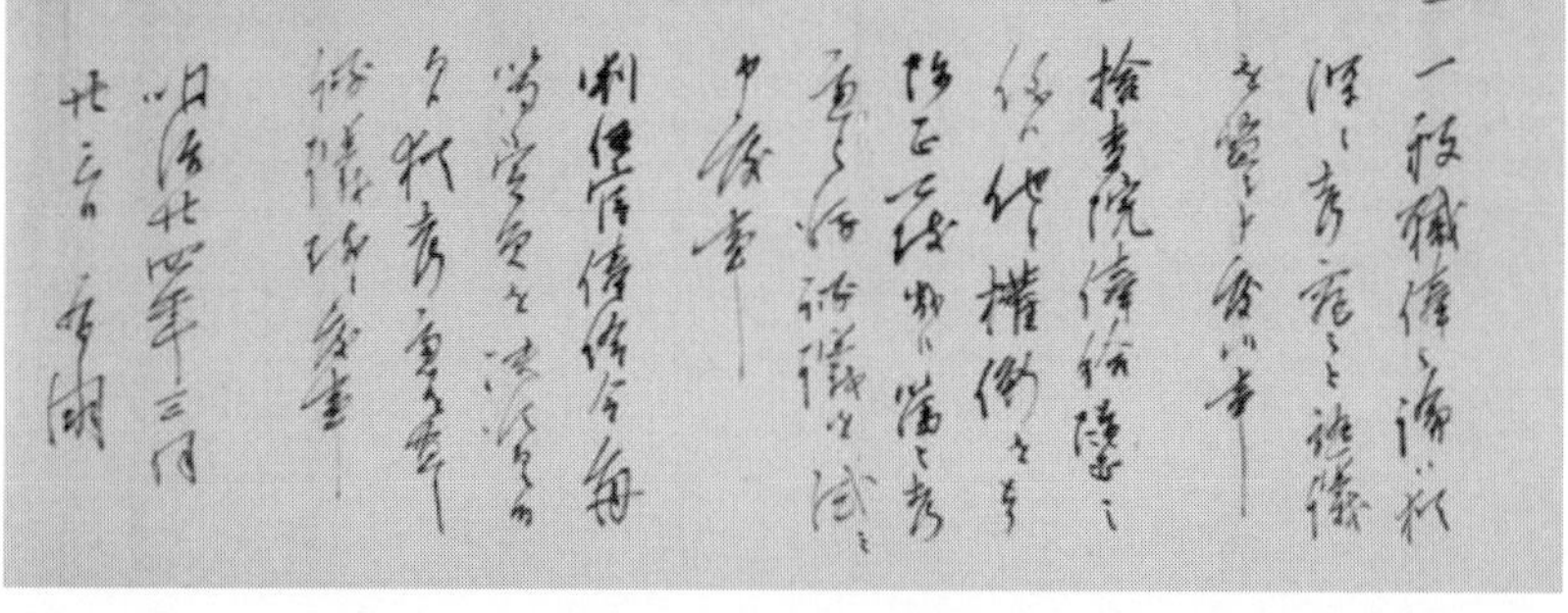

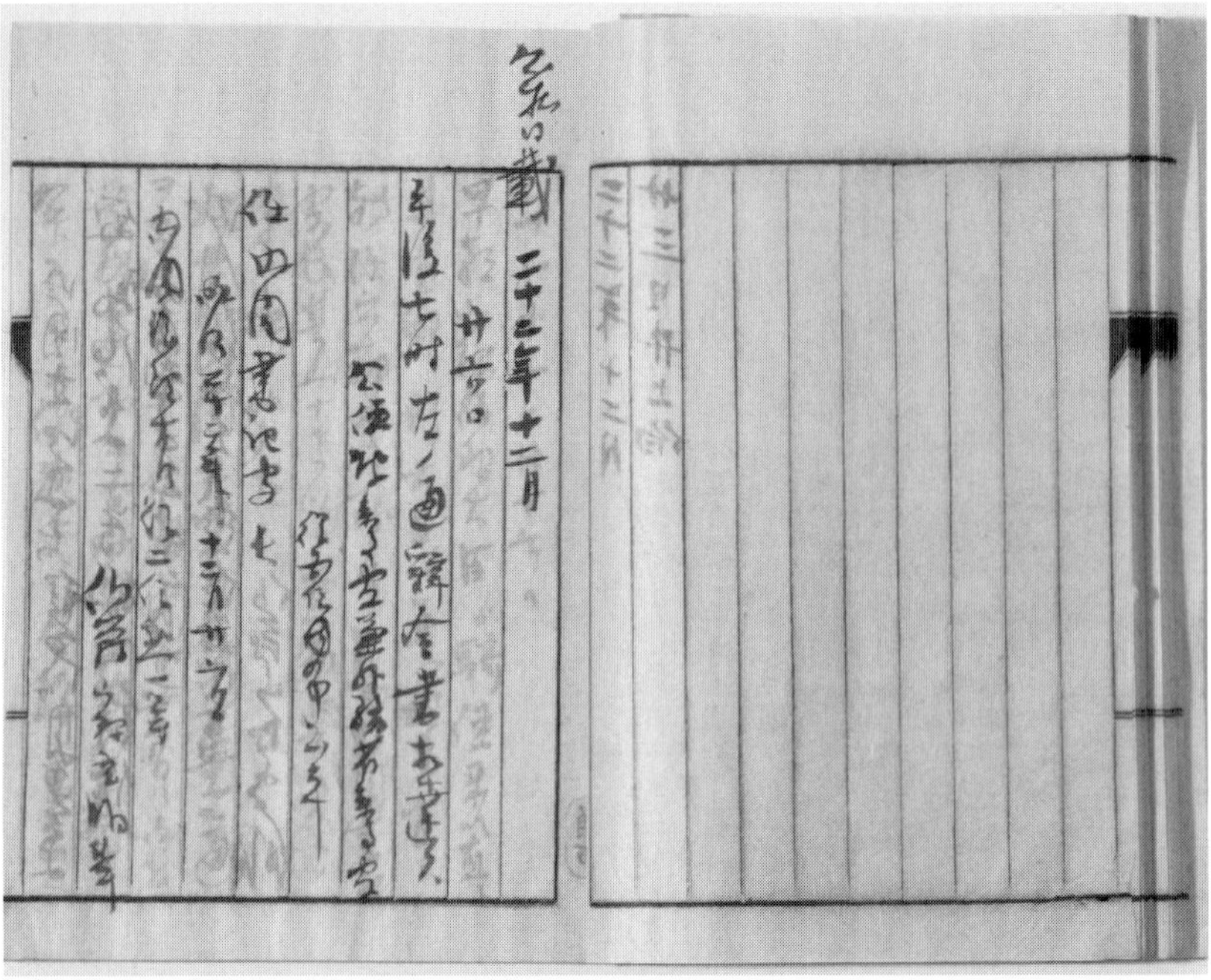

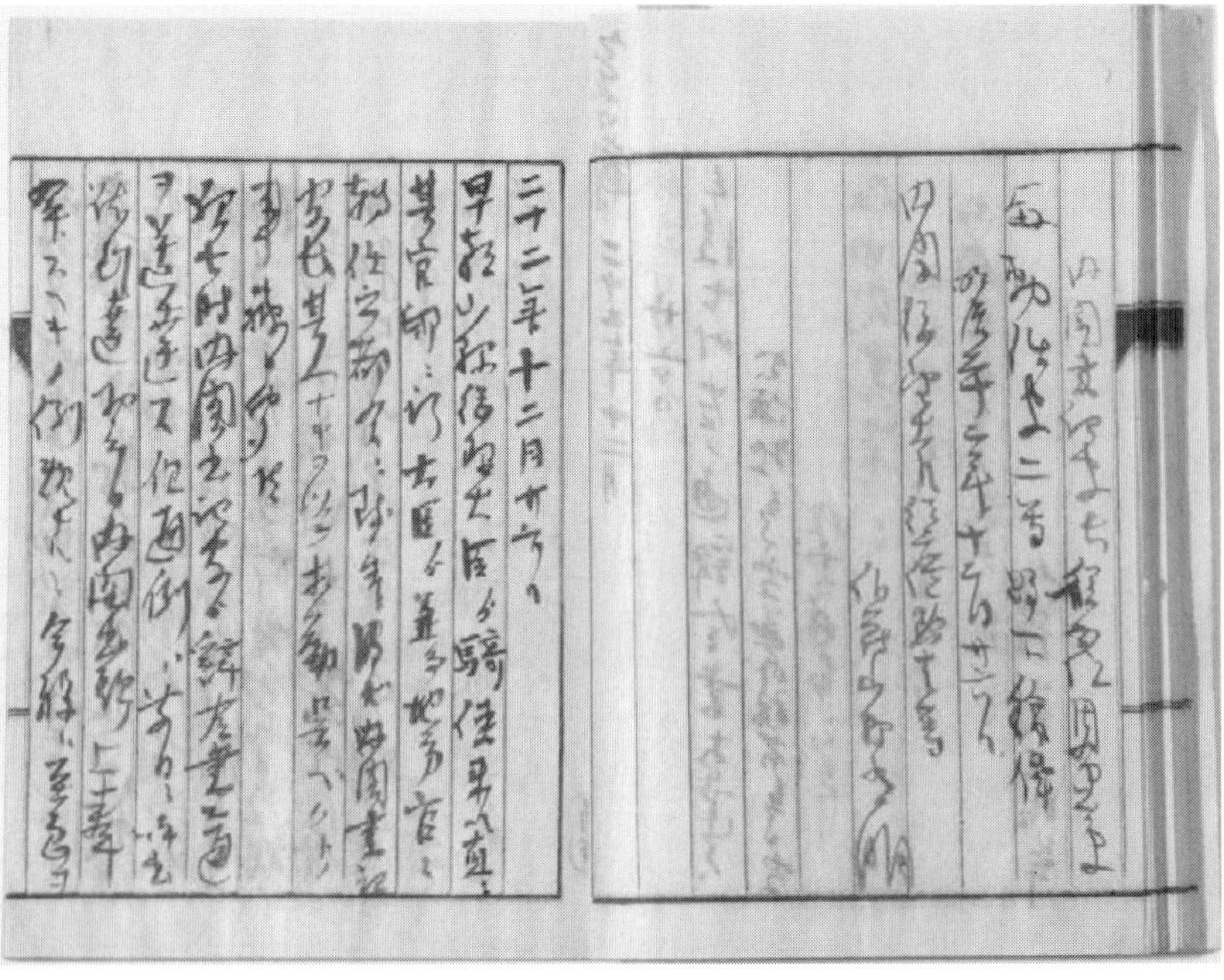

内閣書記官長拝命の日の日記（明治22年12月26日）

尚友ブックレット29

周布公平関係文書

尚友倶楽部
松田　好史
編集

芙蓉書房出版

周布公平関係文書●目次

刊行のことば　一般社団法人尚友倶楽部理事長　波多野敬雄
凡　例　9
第一部　周布公平宛諸家書翰　11
第二部　周布公平日記　明治二十二年十月二十五日〜二十三年二月十一日　123
【解説】周布公平——人物と史料——　松田好史　147
周布公平略年譜
周布公平　家系図
後　記

第一部　周布公平宛諸家書翰　細目次

秋山恕卿――12
1　明治28年2月25日
2　明治28年2月25日
3　明治　年2月28日
有地品之允――16
1　明治27年4月30日
伊藤博文――17
1　明治23年1月25日
2　明治30年2月22日
3　明治36年1月14日
井上　毅――19
1　明治22年8月14日
2　明治　年10月25日
岩倉具定――20
1　明治41年5月19日
岩田宙造――21
1　大正2年10月3日
江木　翼――22
1　大正4年2月25日
香川敬三――24
1　明治38年9月7日
桂　太郎――25
1　明治44年5月27日
2　明治45年1月6日
3　明治45年1月22日
吉川重吉――28
1　明治32年6月24日
黒田綱彦――29
1　明治28年3月7日
児玉少介――30
1　明治34年2月15日
2　明治34年4月19日

3　明治34年4月23日
後藤新平 ―― 34
1　明治26年1月7日
西園寺公望 ―― 35
1　大正2年8月13日
2　大正2年8月29日
3　大正7年1月24日
斎藤桃太郎 ―― 37
1　明治　年7月19日
坂田幹太 ―― 38
1　大正3年8月20日
佐野常民 ―― 39
1　明治　年5月1日
宍戸　璣 ―― 40
1　明治　年1月28日
2　明治　年5月5日
品川弥二郎 ―― 42
1　明治24年1月13日
2　明治27年11月29日
3　明治27年12月5日
4　明治　年2月13日
杉　孫七郎 ―― 46
1　明治3年8月12日
2　明治7年10月9日
3　明治8年5月9日
4　明治8年6月19日
5　明治8年9月7日
6　明治20年10月8日
7　明治30年8月15日
8　明治34年6月17日
9　大正2年7月31日
10　大正2年8月18日
11　大正3年2月23日
12　大正4年6月1日
13　年1月30日
高橋新吉 ―― 59

1　明治42年5月5日
寺島宗則 …… 60
1　明治12年12月16日
中原邦平 …… 61
1　明治44年12月27日
西　徳二郎 …… 62
1　明治31年3月28日
二条基弘 …… 64
1　明治28年2月27日
野村素介 …… 65
1　明治　年2月2日
原　保太郎 …… 66
1　明治29年2月28日
原　嘉道 …… 67
1　明治40年7月18日
2　明治40年12月30日
3　明治41年4月29日
平塚広義 …… 70
1　明治44年1月18日
2　明治44年10月　日
3　明治　年　月2日
4　大正8年11月10日
5　昭和14年10月8日（周布兼道宛）
松方正義 …… 74
1　　年3月25日
三浦　安 …… 75
1　明治28年2月5日（千家尊福他と連名）
壬生基修 …… 76
1　明治28年9月30日（渡辺千秋と連名）
村上義雄 …… 78
1　明治28年3月3日
山県有朋 …… 79
1　明治23年2月25日
2　明治23年3月6日
3　明治23年3月15日
4　明治23年3月17日

5 明治23年3月28日
6 明治23年4月15日
7 明治23年4月27日
8 明治23年5月　日
9 明治23年6月5日
10 明治23年6月24日
11 明治23年6月28日
12 明治23年6月30日
13 明治23年7月26日
14 明治23年7月27日
15 明治23年7月31日
16 明治24年2月3日
17 明治24年3月14日
18 明治24年3月18日
19 明治24年3月23日
20 明治24年5月13日
21 明治26年6月25日
22 明治26年12月1日

23 明治27年8月22日
24 明治28年11月23日
25 明治29年6月25日
26 明治29年11月30日
27 明治29年12月5日
28 明治29年12月13日
29 明治30年4月12日
30 明治30年9月12日
31 明治33年8月　日
32 明治33年9月3日
33 明治34年1月11日
34 明治34年12月6日
35 明治35年2月4日
36 明治37年2月23日
37 明治44年12月25日
38 明治45年1月23日
39 明治　年1月8日
40 明治　年3月2日

41 明治 年3月6日
42 明治 年3月17日
43 明治 年 月20日
44 明治 年 月 日
45 明治 年 月 日
46 大正5年4月7日
47 年11月4日
48 年 月12日

山田顕義 ―― 106

1 明治 年3月19日

山田信道 ―― 107

1 明治30年4月19日

李家隆介 ―― 108

1 明治34年6月18日
2 明治34年6月25日
3 明治34年6月29日
4 明治34年8月24日
5 明治 年10月27日
6 明治 年 月7日
7 大正2年9月1日
8 大正6年7月4日
9 大正6年7月23日
10 大正7年11月10日

第三者間書翰

伊藤梅子 ―― 117

1 明治41年9月19日（周布貞子宛）
2 明治44年8月2日（周布貞子宛）

小松宮嘉彰親王 ―― 119

1 明治14年4月2日（大山巌宛）

野村 靖 ―― 120

1 明治22年4月20日（西郷従道他宛）

本田親雄 ―― 122

1 明治 年6月22日（税所篤宛）

凡例

一、本書は、周布家所蔵の「周布公平文書」の内、主要な差出人からの書翰一三一通と日記の一部を翻刻・収録したものである。

一、書翰は、差出人名の五十音順、同一差出人では年代順に排列した。但し第三者間書翰のみが存在する差出人の書翰は末尾に収録した。

一、推定年代は（）を附した。

一、表記は、原則として当用漢字に改めたが、一部の人名等は旧字体のままとした場合もある。

一、仮名遣いは原文のままとし、固有名詞・擬音語・擬態語等を除く片仮名は平仮名に改めた。濁点・半濁点は原文のままとし、合字は開いた。

一、誤字には〔ママ〕を附したが、明白な誤字は直した場合もある。また、慣用的な表現や記主が習慣的に用いている表記はそのままとした。

一、適宜句読点を附した。

一、傍線・傍点等は極力再現した。

一、闕字・平出は再現した。

一、原文の判読不明の箇所には文字数分の□を宛て、文字数が不明の場合は〔数字不明〕とした。

第一部

周布公平宛諸家書翰

秋山恕卿

1　明治（28）年2月25日

拝見常置委員より二件攻撃云々大坂毎日に記載の義御申越之処、此節攻撃を受たる記憶無之、右は何日之新聞に何にを記しあるや、其要旨御申越被下候はゝ取調可申候。

水産技手旅費之事は兼而除けあり差支なきに付、至急御差出相成候様いたし度候。

桂兼太郎採用も三十五円ならは差支無之候付御差遣被下度、此分は希くは当人自費にて当地へ参り呉候様いたし度、旅費残金も百余円と相成今一月を支へさるを得す、旁以前文之通相願度存候。

久坂之事は先便東属迄河井より申遣たる趣に付、疾御承知と存候。

県会議案は折角取纏中なるも、先便申上たる事情にて未た纏り不申、乍去二十日の開会には間に合可申候。

久米参事官へ噺之事は承知仕候。果して面会し得へき否と存注意は為致置候得共、通り抜となるときは或は其機を得さる歟と存候。

南、増野は本日広島へ出張候。大坂兵も先つ今晩にて一段落と相成候。多忙中大略迄。草々頓首

二月廿五日　　秋山恕卿

周布知事殿

神戸水道補助一件は如何に候哉。未た新聞に散見せす、是は是非とも提出相成候様企望して止まさる事に候。公衆之為速に通過祈所に候。

2　明治（28）年2月25日

別封差出候後偶大坂毎日新聞手に入れ御来問之点見当り候付、左に。

千種川払下んとせし旧川敷之事は、本月開会中（十二三日頃）右川敷之書類披見を乞たる末、明日同地に出張するを以主任の同行を乞出たり。小官は同行せしむへき必要を認めす（実は旅費も欠乏）、依て之を謝絶せり。委員等は当日出張、両三日を経て帰庁せり。外に委員等よりは今日迄未た何等の申出も質問も無之故、何たる感を持ちしや不分明なるも、郡長よりの内報に依れは侵墾せしヶ所あり、又県庁の丈量頗る寛なりとの二点は同人等に妙な感覚を起さしめたるものゝ如しと。依て小生は直に郡長に移牒し、果して官地侵墾の実あらは地租条例の制裁を以処置すへしと申遣置たり。土地丈量の寛厳に至ては実地如何あるや、是は四月後再調査せしむる見込に有之候。満場一致にて理事者を攻撃抔とは跡方もなき虚説に候。

右に付一議論を起せしは右出張に付て之旅費請求のことなり。小生の考には原速〔ママ〕常置委員が実査するは今や諮問案に顕はれ居る歟、果た不日議案に提出する歟等の場合必用に依り実地を調査するは格別、昨年已に不売払と決したる県有財産に対し奇怪なる風聞あり迚之を実査し、其旅費を公然支給すると云ときは、恰も委員は行政官の監督者たる資格を備ふる如き観あり。奇怪なる風聞あらは理事者に向て十分質問すべし、一の質問もなく実地に行は順序を誤るものと云はさるを得す、是は道理上渡すへきもの歟否は現に熟考中にて本月は遂に相渡不申、右は随分委員等の不本なるへしと想像せられ候。結局相当之名義さへ正くせは可相渡考に候。

○徳島との漁業事件に付ては過日一寸申上たる通り質問を受居候付、去る十九日に抑廿五年末の紛擾より今日に到候顛末委敷説明〔割注：秘密に渉さる限り〕を与へ候処、孰も尤に聞受たる趣にて、別に異論も無之候。右は只小生より説明せしに止り彼より深き質問等は無之義に候故に、五時間の質問抔とは真赤な嘘に御坐候。

○県金庫の処置云々は、御承知の如く昨年も保証金に付紛紜有之、本年は経常費も少き事故二十万円の保証金に減すると四課より起案なりしも之を容れす、矢張弐拾五万円に据置へしと命し、三八銀行をして取扱はしむる諮問案を発せしに、桑田等種々難問を発し、保証金弐十五万より多きときは増証金を納るならは、廿五万より減するときも之に応する減保証とならされは道理に背く迚八釜敷かりしも、寸歩を譲らす罷在る処、遂に委員二名の外は原按を可とし決定せしことにて、是以小生と委員との衝突と申程のことは無之候。

徳島との漁事に付ては、同県は知事広島に行参事官内務省に行夫々運動の結果、不条理却て道理となるのことと相成、反之当県は知事書記官とも甚冷淡なりとの噂ありし故、委員会に於て管轄論の如きは当初より疑念を抱き居らさること、入念の慣行はなきものと信し居りしこと等を説き、官吏が運動抔して勝敗を争ふものにあらすと申述置候故、強て高鍋等は小言は申さす候。

右廿一日の毎日に対し其度合申上候。
佐野子爵今日三時十五分着、西村に一泊、明朝九時広島行之筈に御坐候。

二月廿五日　恕卿

周布知事殿

3　明治（　）年2月28日

小林郡長参庁、下通承り申候。尚今夕緩々主任と沿革経過要点等委細に取調候筈に申合置候。明日御参庁之上可申上候也。

二月念八日　書記官

知事殿

〔註〕「封筒表」周布知事殿、上置親展。「裏」兵庫県用（印）、秋山書記官。

有地品之允

1　明治（27）年4月30日

本日は小松宮殿下御招に付小生にも参堂可仕之旨被仰聞、帰府之上御答可仕様申上置候。然処備前地方水害之為め帰府延引と相成、其為め種々公務も滞り居候故、乍残念御断申上候条、不悪御聞済被下度。為其敬具

四月三十日　　品之拝

周布様

〔註〕「封筒表」神戸市県知事官舎、周布公平様、親展。「裏」呉鎮守府官舎、有地品之允。年は消印。

伊藤 博文

1 明治（23）年1月25日

過日は尊来久々に而得拝晤大幸之至に候。却説牧野伸顕より渡辺広吉地方転官之趣申越、且其前に昇級相叶候儀なれは願度と情願に候処、年限未満之由に付御詮議随分御むつかしくと察候へ共、万一も旧例等有之相叶儀に候へは、同人学力資性共に熟知候者に而小子より保証可仕候間、相当之御尽力相願度と存候。山県大臣へも御謀被下候上至当御処置是祈候。草々頓首

一月二十五日　　　　博文

周布公平殿

〔註〕「封筒表」東京内閣、周布内閣書記官長殿、親展。「裏」小田原、伊藤博文。年は消印。

2 明治（30）年2月22日

貴境滞在中は蒙御歓待多謝仕候。不相変御清健公務御鞅掌拝察候。小生帰路寒感も存外に相弛大に仕合申候処、函嶺を下るや大磯辺一面之銀世界と相成翌日も終日之大雪、三十年来未曽有之降雪と申程之事に有之候。咽喉于今未得全癒候故、以書翰帰磯を東京に報候処、昨朝松伯来臨、金貨論細々承候事に候。小生も近日之内一応上京之つもりに候得共未定時日候。

帰路車中は目賀田乗合雑談移時、百五十里程一夢に経過之心地に而頗覚快候。出立懸に相認候屛風、悪筆不出来とても物にならぬと存候間、他日別に相認呈贈可仕候間、御焼却可被下候。膳之代価は為取調候処間違は無之候間、御安心可被下候。

尊夫人へ宜布御鶴声願上候。匆々頓首再拝

二月念二　博文

詠帰老台

〔註〕「封筒表」兵庫県庁、兵庫県知事周布公平殿、親展。「裏」大磯、伊藤博文。

3　明治（36）年1月14日

時下御清適敬賀。唐突之至候処、大磯町警察所長朝枝澄江と申者山口県大津郡三隅之住人に而、目下家事之都合有之、辞表捧呈帰郷之希望に候処、辞表提出以来已数旬、未得許可、中途に彷徨頗極困難候趣に而老閣え相願試呉候様申出候故、難黙止一書相呈候。御配下御取調被下速に情願相叶本人難有拝謝可仕と存候。為其匆々頓首

一月十四日　博文

周布大兄閣下

〔註〕「封筒表」周布公平殿、親展。博文。

井上　毅

1　明治（22）年8月14日

先日は浄書中匆々、其後履約寛々御話承度候処、何分近日之暑天に生持病之胃弱を引退候而気力疲労甚布、今暫海浴に日を送候外有之間布、毎度国府津へ出掛右之次第に付、帰京次第早々可申上候へとも、違約失礼之段御海量《ママ》被賜度冀望奉存候。　頓首

八月十四日　　毅

周布君

〔註〕「封筒表」日比谷門内東京ホテルに而、周布公平殿、親展。相州国府津、井上毅。年は消印。

2　明治（　）年10月25日

昨日平田以而相願候件に付御指示御寸示被下度冀候。小生今日より出勤仕候。草々頓首

十月廿五日　　毅

周布君

先日来書之後委曲承申候。

〔註〕「封筒表」周布公平殿、急親展。「裏」井上毅。

岩倉 具定

1　明治（41）年5月19日

謹啓　御書面拝見候。陳者一昨日は雨中遠路之処光臨相成至幸此事に存候。乍去御来示之如く三面之敗は過分之御馳走に御坐候。勿論、

一面は　叙爵の祝賀
一面は　遠来の御礼
一面は　珍客に対する敬礼

之意を表したる義に有之候間、将来も斯くの如きものと御認定相成候ては大に御心得違ひと存候。不日再会之砌実際之力を可入御覧候。

乍末筆折角御来会之処何等之饗応も不致失敬候。併し閑静にして全く余事を忘却し大快楽に半日を過候。右御返事御断旁如斯候。匆々敬具

五月十九日　　具定

周布男閣下

〔註〕「封筒表」神奈川県横浜、男爵周布公平殿、親展。「裏」東京市麹町区裏霞ヶ関三番地、岩倉具定〔印〕。年は消印。

岩田　宙造

1　大正（2）年10月3日

拝啓　先日は失礼仕候。其節御願出候金員本日大沢氏へ相渡し、別紙領収証受取置候間、加封御届申上候。御落手被下度候。先は右迄。匆々頓首

十月三日　　宙造

周布老台　座下

〔註〕「封筒表」〔麹〕町区紀尾井町〔富士〕見坂下、〔周布〕公平殿、〔親〕展。「裏」赤坂区表町二十七、岩田宙造。

大沢真吉法律事務所発行領収証一通附属。

江木　翼

1　大正（4）年2月25日

拝啓　春寒料峭之候、愈御清穆に被為渉欣賀之至りに奉存候。平素は御無沙汰に耳打過き、欠礼之段御宥恕被下候様願上候。偖て今回之総選挙に付神奈川県下より刷新派の候補者として、

山宮藤吉
小泉又次郎
戸井嘉作
川井考策

の四人奮起致候。然る処右之内川井は高座郡の一部、津久井郡等を地盤と致居り候処、如何にも手薄之感有之、目下頗る苦戦之最中に有之候。

右に付詢に恐入候得共、津久井郡久保田吉左右衛門へ一書を送り川井を援助すへき様御垂示被下候はゝ、当人は固より奮然川井を援け可申、川井之為非常の幸と存候。御都合御差支無御坐候はゝ其旨迂生へ被仰付候へは、其事更に川井に申し遣はし、川井は直接直ちに久保田之方へ相談に出向可致候。何分御聞訳之事切に奉悃願候。何れ其内拝芝万可申上候。草々頓首

二月廿五日　　江木翼

周布閣下　侍史

〔註〕「封筒表」麹町区一番町十四、周布公平閣下、極秘親展。「裏」東京麹町区永田町内閣官舎、江木翼。年は消印。

香川 敬三

1 明治38年9月7日

拝啓 陳者御所蔵之楓鷹の図小栗宗丹筆

壱幅

皇后陛下へ御覧に供せられ候処、御覧済相成候間御返却旁此段申進候。敬具

明治三十八年九月七日

皇后宮大夫子爵香川敬三

周布神奈川県知事殿

〔註〕「封筒表」周布神奈川県知事殿。「裏」皇后宮大夫子爵香川敬三。

桂　太郎

1　明治（44）年5月27日

拝啓　御清栄奉大賀候。

預而承御命候事件に付、今朝古谷氏木戸侯之返事持参、不成効に有之申候。先方之申聞〔ママ〕は、姉妹之準次に於而妹を先きに致候事困難之理由に有之申候。且又切角之御厚意に応し難きは実に心外なれとも、其辺之処呉々も御断致呉候様との事に有之申候。

尚巨細は御面会之節可申上候へ共、取急右之段申出置度、早々拝具

五月廿七日　　　　太郎

周布老兄閣下

〔註〕「封筒表」神奈川県横浜知事官舎、周布男爵殿、親展急。「裏」東京芝区三田壱丁め四六、桂太郎、五月廿七日。年は消印。

2　明治（45）年1月6日

御清栄奉賀候。さては昨日新年宴会陪席之為め帰京、宮中に於而内見仕候処、賢兄預而御希望枢府御転任之件上奏裁可被成居候。右は定めし既に発表にも被成候半かとも存候へ共、為念御内報迄申進候。先

つゝ御安心之程恐悦に存候。為其早々拝具

一月六日　　太郎

周布賢兄　御座下

〔註〕「封筒表」横浜市知事官舎、男爵周布公平殿、親展。「裏」葉山村に而、桂太郎。年は消印。

3　明治（45）年1月22日

厳寒之候、益御清福御起居被成大賀之至に候。陳者今般御婚儀御整被成候に付而は、御祝之印迄此品懸御目候間、御受納成下され度候。将又御儀式当日御示之時刻参上可仕候。然処、一昨日男爵御来訪之砌御話仕候通、荊妻事両三日前より流行之「インフルエンザ」に掛り間然保養仕居候処、目下之模様に而は廿四日之御式に被出候哉は兎角困難に有之申候。本人義も切角之御儀式に罷出候義御約束仕右之為体故心痛千万に候へ共、到底病気は如何んとも致方無之、依而毛利男爵夫人へ御代理相願出候筈に有之申候に付、其辺不悪御聞置被成下度候。毛利男へは老生方より依頼可申出積りに有之申候。尤も毛利家と打合相整候半は電話に而不日可申上候間、其辺も御含置可被下候。為其敬具

一月廿二日　　太郎

周布男爵
同令夫人　閣下

〔註〕「封筒表」周布男爵殿、親展。「裏」桂太郎。

吉川　重吉

1　明治（32）年6月24日

拝啓　昨日は御多忙中態々御枉駕を煩し候段奉多謝候。陳は其節之御話に対する寄付額は色々相談致見候処、昨日も御内話申上候通り、当家に於ては可相成県地之方に助力を与ふるの方針を執り居候処、目下他方より之要求に接し、其中全く謝絶致し難きもの六七種も有之、折角之御申込には候へ共、貴殿之分のみへ多額之出金致事心底に不相任、乍少額五拾円寄付之分に取極候間、彼此之事情御汲取不悪御諒察希上候。先は貴答まて得貴意度如此に御坐候。　拝具

六月廿四日　　　　　　　　　　　　　　　　吉川重吉

周布公平殿　侍史

〔註〕「封筒表」京都市祇園小堀月ノ家方にて、周布公平殿、親展。「裏」東京駿河台東紅梅町九番地、吉川重吉。年は消印。

黒田　綱彦

1　明治（28）年3月7日

拝啓　愈御清穆敬賀此事に御坐候。陳者小生戦地渡航之際は支那通辞之義に付御配慮に預り、今般帰朝当地通過致候に付拝謝旁一応推参可致筈之処、取急き失敬仕候。尚拝眉之節万縷可申悉候。匆々頓首

三月七日　　黒田綱彦

周布公平殿

尚々今立吐酔へも可然御申伝への程冀上候。

〔註〕「封筒表」周布公平殿、親展。「封筒裏」三月七日、黒田綱彦。

児玉少介

1　明治（34）年2月15日

貴牘奉拝披候。昨夕梅田来訪、周布君より被申候事に而、筋能書を依頼候と申来り候間、山県信吉も在坐之所に而申談し、且事実を伝へ注意を予へ候儀に付、決し而弁解難仕は其後山県と何か談し候節横浜の事を話、山県曰、兎角県庁市庁の間は面白くいかないものと見える様申居、同人も右には心付候位に而枉而弁解は難致と断り申候。何しろ一書認呉候様申候間、

公衆中に而梅田氏の談には無之、拙者と山県〔割注：山県は旧識にも不非、人の前に而談故内談とも不心得〕両人の所に而梅田より承り候得者相違無之候間、公衆中と申事は右は周布君之聞違に可有之候間、右は可申通と申候而

一応添書有之儘会費之事まて認候処、会費の事は除き呉候様申候間、右は除き候而更に認め、同人へ附し申候次第に御坐候。

御参考

米国少将招待之節、会費五円より十五円まてと致し候事。

御令閨様御出席無之事。

右等伺しに外より可承儀可有之哉。

昨夜来り、其節細君御病気之事は已に存居様申候間、右は不申様申候間、右は拙者一切不承、右招会費を高め候間鄙吝之構え、兎に〔角〕病気に而欠席と承り候間、其事を山県も承り居候而談し候と申聞候。何かに云抜け可仕と申懸候へ共、一々押付置申候。

同人事に付候而は故福原氏青松寺葬儀節、同氏身上は知事管轄には無之とは乍申、将来の事御懇信を願ふとまて申上候位に而、同人の讒謗可致筈は無之候。

昨夜談中に君より周布氏の方数層之深交に有之、若交の浅深を不問、極密談と申事に候へは口を噤し候事も有之候へ共、君と深交にも無之、山県も居合候事故密談とも不考候間、周布君へ談し候と申聞、若同人ヶ様の儀不申上と申張り候へは、小生の詐意か讒謗かに相成候間、山県と申合懸合申度候。右談し候節も意地を構え候而申候事には〔割注：昨夜の閉口振りに而は不相見〕、唯交の深浅も不考申候事に可有之と被考申候。併同人不申と云ふときは小生の詐言謗誹に相成候間黙止難仕、十分御諒察可被成下候。尚梅田氏へは貴書之次第御報告儀申遣置申候。

右御報申上候。頓首

二月十五日

少介

追而本書之儀御談相成、又は御見せ被下候而も不苦候。再拝

周布明府　函丈

〔註〕「封筒表」神奈川県庁、周布知事殿、必親展拝答。「裏」東京麹町区内幸町壱丁目六番地、児玉少介〔印〕。

年は消印。

2　明治（34）年4月19日

奉啓　岡谷儀度々御懇切之儀申通候処、同人儀誠に感戴罷在候而別紙差遣候間、其儘差出申候。史談会に而同人之話を印刷し、其会話末松男の意に触候より、昨日書中に而申上候通大破綻に相成申候。被懸御心頭候段於小生も奉感服候。書外拝鳳。匆々頓首

四月十九日　　　　　　　　　　　　　　　　少介

周布明府　座下

〔別紙〕児玉少介宛岡谷繁実書翰

拝読　愈御安健被為渉大賀至極に奉存候。扨鎌倉一件是迄段々御配慮被下御礼難尽筆紙奉存候。速記録御覧被下候通、称名寺より承はり候儘相咄し候事にて故意に致したる義にも無之候へ共、今更何とも申訳なき事、折角之御骨折を水泡に属しめ候義は、小子之義は兎も角も御厚志に対し深く恐縮仕候次第に御坐候。又周布知事不成一通御懇切之段、是亦筆紙に尽し難く奉存候。其中御礼可申上候へ共、此際老台より宜しく御申述置被下度奉願候。印刷は史談会にて致したる事にて小子之致させたる義には無之候へ共、印刷え致たる上は咄したる者之不都合無是非事と後悔仕候。速記録周布知事に御亘し被下失態を明白に御申述被下度、少しも取隠くし候義は無之候。

右御礼御返事迄申上度、匆々頓首

四月十八日　　　　　　　　　　　　　　繁実

児玉老台　侍史

不及御返戻　少介〔異筆・朱書〕

〔註〕「封筒表」横浜、神奈川県知事周布公平殿、必親展。「裏」東京麹町区内幸町壱丁目六番地、児玉少介〔印〕。

年は消印。

3　明治（34）年4月23日

奉啓　予而内願仕候岡谷儀被懸御心頭御汲引候処、本日鎌倉宮に而拝見仕申候。偏に御蔭に而難関を躋り候。満悦に而唯今来訪仕候間、不取敢御礼申上候。井上伯も満足に可有之と存候。今夕杉翁と棋戦約束、久し振勝敗を可決と存候。書外在拝鳳。頓首

四月二十三日　　　　　　　　　　　　　少介

周布明府　坐下

〔註〕「封筒表」神奈川県庁、周布知事殿、親展。「裏」東京麹町区内幸町壱丁目六番地、児玉少介〔印〕。年は消印。

後藤 新平

1 明治26年1月7日

拝読 明朝御来臨之様御紙上に御座候処、却而恐縮之至に候間、明朝小生より相伺候事可仕候。明晩出発帰京候心組に候。閣下も御入京相成候哉に只今承り候。何も拝話に譲り御答まて。匆々敬復

後藤新平

明治廿六年一月七日

周布知事公閣下

〔註〕「封筒表」周布公平殿、御親展拝復。「裏」後藤新平。

西園寺公望

1　大正（2）年8月13日

拝啓　存不寄珍菓御恵与被下早速打寄賞味仕候。非常に新鮮にて此地に於ては殊に難有存候。右不取敢御礼迄如此候。暑気如何、幸に御自愛専要と存候。草々頓首

八月十三日　　公望

周布公　梧右

〔註〕「封筒表」東京麻布笄町一八〇、周布公平殿、親披。「裏」上州伊香保木暮方、西園寺公望。年は消印。

2　大正（2）年8月29日

拝啓　御懇示の趣謹承候。此地へ御来遊も候はゞ欣然拝芝可致は勿論有之候。然処小生も来月十日迄には帰京の考に有之、単に御紙面上云々の御話しに候はゞ差急く事にも無之哉、於東京承り候方よろしからんとも存候。右御都合次第に願度候。如論暴風雨此地は却て格別の事も無之、昨今は殊に快晴且涼風多く、猶旅客も盛に有之候。乍憚御放念被下度候。右草々拝復

八月廿九日　　公望

周布老台　閣下

〔註〕「封筒表」東京麻布区笄町一八〇、周布公平殿、親展拝復、西園寺〔印〕。「裏」上州伊香保温泉場、西園寺公望。年は消印。

3　大正（7）年1月24日

拝啓　過日は貴翰並に佳品を辱ふし感謝の至に候。早速打寄度々賞味候。却説如諭本年は寒気殊に甚しく候処、御風邪云々其後如何候哉、幸に御自愛専要と存候。小生はまづ小康を保居候得共、百事抛擲甚不精にて慚愧の至に候。御一笑可被下候。右御礼旁如此候。余は後鳴に譲り、草々頓首

一月廿四日　公望

周布閣下

〔註〕「封筒表」東京九段坂上、周布公平殿、拝復。「裏」東海道興津、西園寺公望。年は消印。

斎藤桃太郎

1　明治（　）年7月19日

拝啓　陳者御県高等官振天府拝観願御聴許相成候処、当日自然多数之不参者有之候而は如何と存候間、御含被下而御注意相成候様致度、此段為念得貴意候。　頓首

七月十九日　斎藤桃太郎

周布知事殿　侍史

〔註〕「封筒表」周布知事殿、親展。「裏」斎藤桃太郎、宮内省〔印〕。

坂田 幹太

1 大正（3）年8月20日

拝啓　本年の炎暑は格別之心地致し候か、皆々様御障もなく御起居游され奉大賀候。一度御見舞かた〴〵拝趨仕度存し居候処に意想外の時局に相成り、遂に其意も達しかね、只様暑中之御尋も不申上心外千万にて深く御詫申上候。残暑猶難凌折柄、何卒御自愛益々御清安の程奉祈上候。敬具

八月二十日　　幹太

周布老閣　侍曹

〔註〕「封筒表」神奈川県逗子、周布公平様、御直披。「裏」東京富士見町一ノ一、坂田幹太。年は消印。

佐野 常民

1　明治（　）年5月1日

今宵も御苦労奉存候。偖少々急に拝晤を得度有之候間参殿可致候処、少し風気を感し候心地致し候間、乍御苦労御帰途老生旅亭へ一寸御来奉〔ママ〕被下度奉願候。早々敬具

五月一日　常民

周布賢台

〔註〕「封筒表」周布公平殿、親展急。「裏」佐野常民。

宍戸　璣

1　明治（　）年1月28日

拝復　如諭久々不得拝顔候処、不相変御安楽御勉励被成よし、欣祝不過之候。老生病気態々御訪問御懇到拝謝候。近来少々快方に相赴き候。全快候はゝ又々可致拝顔と相楽み居申候。先は拝答まて。草々頓首

一月廿八　　たまき

周布賢兄　坐下

二白　御見舞として小鴨沢山御恵贈忝存候。いつれ拝顔之節可拝謝候也。

〔註〕「封筒表」周布公平様。「裏」宍戸璣。

2　明治（　）年5月5日

拝復　来る八日参上仕候様との御事承知候へとも、同日は無拠先約有之、残念なから不参候間不悪御寛諒被下度、いつれ其中参上可奉謝候也。頓首

五月五日　　璣

周布様

〔註〕「封筒表」周布公平様、拝復。「裏」宍戸璣。

品川弥二郎

1　明治（24）年（1）月13日

御別之後小田原へ一泊、昨日午前十一時に不二屋へ着、面会いろ〳〵談話之末、山県と兎に角に面晤を乞ふとて、今明日の中鎌倉栗塚の別荘に帰らるゝ事に相決したり。約束して山県の鎌倉行を奉祈候。随分六ヶ敷議論にならねばよいがと按じ候得共、大概は相談調ふべし。○平田はイヨ〳〵ハイキンシヤウと相成誠に掛念に堪へず。今日にて六日間三十八九度より四十度の間を昇降し、今朝相磯之診察にては未だ極度には達せず、ジリ〴〵と来りし故、当分全快など申事は六ヶ敷かるべしとの事、一昨朝石黒之診察一層悪しく相成申候。やじ等夫婦も進退維谷、何も御推察可被下候。病人は夜白議会の事のみ気にかけ時々トンダ空語を吐き困り申候。本人引請之事務は無論他人へ御移し可被下候。トテも十日十五日に全快などは思ひもよらぬ事なり。総理へ別に出状遣し不申候間、よろしく御伝へ奉願候。

十三日夜　　　　やじ

周布様　侍史

〔註〕「封筒表」東京永田町官舎、周布書記官長殿、親展急。「裏」相州三浦郡葉山村日かげ茶屋、品川弥二郎。年は消印。

２　明治（27）年11月29日

トンダ御客が入港致し、人知らぬ御苦心ありし事推察に堪へ不申候。刎ね返されし事と確信す。旅順之落し事は真に知らさりしならん。夜白御油断なく内外とも御注意此際一層之御忠勤奉祈候。白根に御逢被成候哉、大将之身の上実に掛念に堪へ不申候。〇灘之財産家辰馬之番頭辰栄之助と申もの〻履歴御取調らべになりし事はなきは《ママ》、あれば御写し御廻し可被下候。なければ急に真正之彼が事業〔割注：十三歳の時辰馬家に飯焚奉公せしより、今年五十七歳まで妻もなし家もなしにての忠勤〕御取調らべ可被下候。辰馬の老婆八十余歳の女将軍之伝記も、念仏庵に生仏の部に入れ置き度に付御取調らへ奉願候。

先は右御願迄、草々頓首

十一月廿九日夜　　　　やじ

周布様　侍史

〔註〕「封筒表」（破損）、「裏」東京九段坂ノ上、品川弥二郎。

３　明治（27）年12月5日

白根は横浜丸之別仕立同様の船にて発したる由。此船に乗せて帰れとの　思食ありしやに伝聞す。大将は不満ならんと存候得とも、勅命と病とには勝つ事出来す、ドウゾ封海にならぬ中に、乗船出来て無事広島迄帰られさへすれは大幸と、大将之命脈ありて一息にても永く無事存生を、真に国の為めに祈るのみ。胃嵜《ママ》にては無之、胃痛にて下痢するは二三年来之持病なり。持病之発したるもの故必らす御按被下間敷候。赤十字の岩井と申医師〔割注：積年大将の脈をとりてよく承知の医師、橋本の弟子なり〕も十一月三十日に安東県に着したり。当一日夜の電信にても追々よろしとの報有之申候。兎に角無事帰広を祈るのみ。〇辰馬家の辰《タツ》栄之助と申ものは五十七歳にて妻帯せす、自分之家屋を構へず、忠義一方にて十三才の時より今日迄終始一の如く奉務との事伝聞す。住友之広瀬よりも今少し上に出る真正之実業家と伝聞して心窃に鑑定す。辰馬の老婆八十七歳の女丈夫は住友の未亡人よりも一層ヱラモノ哉と存候。故に履歴御取調らへを願候也。弐三十万円の租税を納める一家には上下に如此の物居らすては永続六ヶ敷、御注意御取調らへ可被下候。敵もあるかも知れず真実之事蹟御取調が肝要なり。為其匆々頓首

十二月五日朝　　　　　　　　　　やじ

周布様

〔註〕「封筒表」神戸市、周布公平様、親展。「裏」東京九段坂上、品川弥二郎。年は消印。

4　明治（　）年2月13日

其後如何之模様になりしや、踏切りたる事は野むら遣らぬかと存候。

〇宍粟郡野々角官林中開墾一件山林局に聞糺し候処、播磨国は全国第一等之人口多き土地故に、検査之上なれば許可ならぬ限りにも無之との事。就ては県庁に於て本気となりて、人口多増之件を以て特別之御詮議ありたきとの真正之願意にて世話しもらはなくては、村民がやかましく申から取つぐなどゝ申様なる事にては六ヶ敷との内議窃に伝承す。何卒よろしく御含置可被下候。〇尚又姫路警察署長島村勇な

る者は御承知も候半、土佐の自由党員にて板垣之婿〔傍注：今の妻君は他より来る〕なる事は兼て承知知候が、取引所一件よりして土佐派を遣り、余ほどヤカマシキ様子に諸処より耳にせり。早く何とかせぬと知事之困難に至るべし。伝聞之儘御注意迄に申上置候。為其匆々頓首

二月十三日　やじ

周布様

〔註〕「封筒表」周布兵庫県知事殿、親展。「裏」九段富士見町、品川弥二郎。

杉　孫七郎

1　明治（3）年8月12日

朝夕旋渥翼気候処先以御安康被成御座奉大慶候。当節は定而横浜御滞学と奉察候。却説孛仏戦争相始候由に付而は世界之景況一変草々可及被考候。老兄方御勉学此秋と奉存候。野生碌々依旧御放念奉祈候。別封御落手所希候。拝具

八月十二日　　孫七郎

金槌兄

尚々時光可然御専祈候。兼而御宿志之段は木戸氏ニ丸々御依頼被成置候様御□〔破レ〕候。

2　明治7年10月9日

拝陳　先以御安康奉大賀候。陳繁沢兄御病気に付而は不一形御苦慮成候御事と奉存候。先返舎弟三井帰朝之節病気初発より終に龍動滞在、老兄御看護迄之義は逐一承誠以御気毒千万奉存候。何卒御療養行届候様只管祈念罷在候。繁沢翁并御留守へも委細之義申遣置候。いつれ御帰朝之節は御一報有之候事と心待居候。便船之都合により長崎より御上陸、夫より馬関へ御越被成候はゝ別而都合宜敷可有之候。東京へ一先御着、夫より長州へ御帰は些御手数か勝可申候。此辺は御含迄申入置候。外之病人ならは東京に

而も病院も有之、療養相成候得共、狂病は実に難渋に御座候。夫とも船都合次第東京へ御帰着相成候はゝ当分御滞留之手筈は尽し可申候。

老兄方御発足前御散財之事よりして終に□□へ御借金に相成、野村素介〔傍注：同人は進退伺差出罰金を被取候〕其外大心配にて漸く相片付候。留学生中無類之事に御座候。光田等は実に評判不宜候半、御反正所祈に御座候。

旧知事公へ学費御立ヵ下留学被仰付候様小倉氏御連名にて御願書御差出候由之処、是は決而御聞届相成候事に無之候。縦令御消金相調候而も僅に家禄或は官給に而償却は万々難相成候。別に御考可被成候。先は好便に一書呈上仕候。繁沢兄へ可然御致声頼上候。御滞英中御消財不相成候様御注意申迄も無之、小生之婆心申上候。草々頓首

七年十月九日　　孫七郎

金槌老兄　梧下

尚々御留守北堂君始御無事に付安心可被成候。萩士族中は益困窮、御発足前に光田、小倉等と小生へ御激論之奪禄ても行はれ居候はゝ、終に餓死候者も可有之、万事名論之通りには被行兼候。只々老兄方之御自責御借財等不被成候様に有之候はゝ即公私之大幸と奉存候。兼而之交誼に付不顧失敬申上候。

3　明治（8）年5月9日

□方帰朝に付二月廿七日之□寸書相達拝受仕候。先以御安全被成御座奉大賀候。繁沢兄も□□不快之由療養其外不一□〔方〕御配意と奉存候。其世話は決而他人に而は不行届、幸老兄御滞□候付万端御注意所祈ニ候。□□候隅田号へ御乗組に而御帰朝之御様子山尾庸三より承り其趣萩へ申遣候処、又々五六月は御滞留□由、何卒十分療養行届少し□も軽快に相向候義洵に企望罷在候。他日御帰朝之上は小生方へ食客云々事も承知致申候。外の病人と違ひ引受候義実に難混千万、且家族多人数に付□静なる坐敷無之如何可仕候哉□案居申候。尤病気軽快平常之如く相成候得者食客は□□容易之義に御座候。何にしても外に引受候者は無之、病気軽重に不関世話丈けは可仕候間、□〔御〕安心奉希候。御留守皆様御無事、昨年来萩粟屋方へ御同居之御様子に御座候。桂甚内無事、徳は東京滞学致居候。甚内より人物宜敷学業も相進候様奉察候。

東京静謐、政体も追々御改革、□〔今〕度元老院大審院等御設相成議官之御選挙も過半相済、六月には地方長官招集会議を興され候段御布達相成申候。漸次万事御改正に可相成と推測仕居候。小生は閑散之官に而何事にも関係不致、只々一身□引受丈け一途に尽力候覚悟に付、他事を論候様に相ヵ出不申候〔ママ〕。」木戸、伊藤其外無別条精□〔勤〕罷在候。両氏為国事尽力一統感服仕候。乍併色々難混之義可有之哉之趣、何□平穏に治り候様祈申ヵ候。

先は為貴酬草々不尽

五月九日　孫七郎

金槌老台　梧下

尚々時下御厭奉専祈候。繁沢兄御看護別而御注意奉祈候。繁沢兄帰朝之日限凡相分候はゝ前以御報知奉待候。

〔註〕本書翰の□は破損箇所。

4　明治（8）年6月19日

先以御安楽奉賀候。扨繁沢兄病気は漸次軽快に向候哉、海外万里不堪懸念之至、日夜御看護最肝要に存候。八九月頃迄には必御帰朝可相成、日本には名医も無之候得とも帰郷之方却而安心養精神候様には可相成、兎に角も当人之所安に御注意相成度奉存候。周布家伝統病には実に困却之事に御座候。○萩表北堂君方至極御盛之御様子、追々桂より申来候間御安心可被成候。粟屋老人は当節出京、是亦無事なり」〔ママ〕近来東京も無事、弥明日地方会議被為開長官は人民之代りに罷出候心付に而、地方之事務を論し候都合に有之候。旧庄屋抔之内に傍聴罷出候者も有之候。議長は木戸参議なり。本日は　主上臨幸、勅語も被為在候。日本開闢以来の盛事と一統欣躍罷在候。定而人民之大幸、且開化も漸進之場合に立到可申と被考候。○一体之処は賢兄御洋行前より開明之地域へ向ひ進歩之姿には相成候得共、兎角急進論の盛なるには老錬家は懸念罷在候。諸県士族は日々困窮、実に気の毒千万之事に有之候。○老兄方之近況は本野一等書記官先日帰朝之由に承り度候処、駆違未た面会不致候。上野公使発足前委曲相頼置申候付、万端御依頼被成候方可然と奉存候。弥御帰朝に決定候はゝ日限之処御知らせ可被成候。先は時下御見舞申上度如此御座候。別封は昨日植木□衛門山口より持登り候付差送申候。御留守状有之由に御座候。草

々不尽

六月十九日　　　孫七郎

金槌賢兄　梧下

尚々時下御用心奉専祈候。繁沢兄へ可然御致声頼上候。何そ御用有之候はゝ御申越可被成候。

5　明治（8）年9月7日

本月十日の尊書今日相達拝見仕候。先以繁沢兄病気も漸々軽快之由御同慶仕候。十一月比に御発英云々御仰越承知仕候。且刺賀滞英し参り揃候詳細御仰越承知仕候。然処入費は御両人分より外には不為渡趣は先日山尾氏よりも相咄申候。此入費之事に付而は同氏も不容易心配致居申候処、元来刺賀看病之義は御願出之上許可有之事ならす。月給も被立ヵ下候は勿論に候得共、推而御取計之事は今更三人前丈け之入費被立ヵ下候様には相成兼候由。猶山尾、伊藤へも相説可申候得共、実に難事に被察候。現時之情実は公使上野氏熟知之辺を以、臨機之取計相成候得者無此上大幸と奉存候。少々之金と違ひ小生之力にも不及候。只々伊藤等へ懇願之外手段無之候。乍併爰元之評議は已に決定に付御引当には不相成候間、現場之情実不得止次第を以上野公使へ御陳述御借金被成、東京迄御帰被成候得者年賦とか何とか御懇願被成候而も可然乎と愚考仕候。是も上野之独断に而は難被致候事と被考候。

○繁沢兄東京に而病気保養云々、何分容体に因り六ヶしく可有之候。小生宅は甚手狭、家内多人数故、静閑なる明き座敷は無之〔傍注：明き候処は平生客を引受候表座敷一間のみ〕。平生之居候にさへ大困却仕候位にて、繁兄を丸々引受候事は現場差支候。且養病之都合も如何可有之哉と懸念仕候間、病気之様子も東京着直に帰郷保養之方宜敷可有之と致愚考候。爰元に而別に一軒の家を構へ保養と申事は不容易入費に可有之候。先返申上候通病気平生同様に相成候得者、当分之内小生之方へ滞留、其上に而去留相決候方可然存候。爰元にも病院は追々建築致候へとも未た狂院には不及候。実に病者之不幸に有之候。直に帰郷之方に決候はゝ下ノ関迄毎週飛脚船之便有之、甚便利に相成申候。此義は横浜着次第御報知被成候はゝ、直に小生出張、様子見届候上取計可致、○当分は横浜に而滞留可然、東京へ直に入込候而は却而混雑を生し申候。此辺之義は予め御含置可被下候。

刺賀身上之義縷々御仰越承知仕候。素より一朝の過失を以一生を誤らせ候心底に無之候得共、出足之節之挙動余り言語同断〔ママ〕との公評に御座候。本野書記官よりも刺賀之事承り候処不評判之趣に有之候。山尾は如何思居候哉、氷解と申訳に参り兼可申、小生は刺賀佐兵衛とも一旦絶交に及候処、媒酌人有之、旧に復し候故、超輔に於も格別相銜候事は無之候。対天地慙ると不慙〔ママ〕さるとは超輔之心にある耳。○本野氏近々発足に付此書状可頼候。御出足迄に着英相成候得者宜敷、来月御出足に相成候はゝ間に合不申候。○御留守北堂君皆々様御無事之由御安心可被成候。妹君を富田悌二郎より所望有之、粟屋翁よりも内話有之候。北堂様の御心持次第に而御決定可然と桂甚内迄申遣置申候。富田は当節大蔵八等出仕と申事也。○甚内も追々困窮之由、徳は小生方の厄害に相成居候。杉家の親類よりは植木方の続きの親類に厄害者多きには養母に対し甚心痛不少候。

先は御答迄如此御座候。草々不尽

九月七日　　　　　　　　　　　孫七郎

金槌様

尚々横浜着次第閑なる宿を御取り被成候而、直に着之次第電信に而御報知被成候はゝ、直に出横万事御相談可仕候。本文に申述候通一先御帰郷之方万々御上策に相考候。狂病之義は植木□兄之時之例も有之、実に困却仕候。只々精神の安着閑静なる様致候外妙術も無之候。御滞英入費之事は精々尽力可致候。且繁沢兄着之上は御世話丈けは行届候丈け致候覚悟に御座候間、此辺は御安心可被成候。

〔註〕「封筒表」龍動、周布金槌様、杉孫七郎。「裏」重華〔印〕。

6　明治20年10月8日

周布君の洋行を送る

やじ

寝て居れば西の都に乗せて行く船子の恵み忘るゝな夢

山県内務大臣の送別の歌の、とくともつなもこゝろせよきみといふことは、蒸気飛脚船にてはいふへくしておこなふへからさることなれは、予はかくよみておくる

重華

ともつなをとくもつなくも舟人のこゝろにまかせ君はねてをれ

明治廿年十月八日朝

杉孫七郎

周布公平様

〔註〕「封筒表」周布様、杉。

7　明治（30）年8月15日

拝啓　植木継母不幸に付早速御弔問被成下難有奉存候。御礼迄、草々頓首

八月十五日

孫七郎

公平様

来る二十日
還幸被仰出候に付、月末或は来月上旬中に隠居無官、京都へ引越候様に可相成候。其節は
御陵参拝相願鳥渡京都へ罷越候積りに候。夫にて一段落相付大に安心致候。大坂植木方に男児分娩候にも参り見度候。若繰り合せ出来候は〔ゞ〕一日往来にて舞子辺へ参り候覚悟に候。
当年暑気如燉、少々脚気之症と被思候間、暫時にても転地致度候へ共、只今は寸歩も東京を離候事六かしく、早晩閑散之身と相成些か保養致したし。

孫七郎

〔註〕「封筒表」兵庫県舞子、周布公平殿、親展。「裏」東京、杉孫七郎。年は消印。

8　明治（34）年6月17日

前略　御令息御発病に付橋本綱常診察御依頼之義御申越に付、直に橋本へ掛合候処、今明日は差支候付、岩井医師代理として差遣候事に相成候は既に御承知之由、何卒速に御回復所祈に候。

明日は

東宮殿〔下〕還御被為在候付橋本はとても罷越候事相成間布、且

妃殿下

迪宮殿下時々拝診に付、遠方へ出掛候事は六かしと存候。岩井等診察致候へは大概見込相付可申候。若肺部に申分有之候容体ならは御油断不相成、御注意所祈に候。頓首

六月十七日　　孫七郎

公平様

嘸々御心配之事に遥察仕候。

〔註〕「封筒表」相州鎌倉字坂ノ下平沼別荘、周布公平殿、拝復。「裏」東京麹街貝阪〔印〕、杉孫七郎〔印〕。年は消印。

9　大正2年7月31日

前略　昨日桂へ申含候事は御承知被下候事と存候。扨此度之一条は実に意外之出来事にて、御痛煩の御

心情拝察候。老生に於ても遺憾千万なれとも、過日来之大勢にては尽力之功無之、諸氏も多分苦心内々心配致候へ共如何とも不能為候。老生は只々沈黙世論相鎮り候を待耳と御覚悟可然候。過去之事は致方無之に付、不恨人一時浅慮の誤りと御反省相成度候。此際は謹慎世交も相絶候様に深く御注意相成候はゝ、必汚名御一洗之時可有之候。決て悲歎落胆は御無用に候。他日為国家御竭し相成候場合御待所祈に候。今度之件一段落相付候上は都下を去り、当分田舎へ御出掛相成候而は如何。桂へ申含候如く御辞職隠居迄にて一件相片〔付〕可申と被思候。御家族中も意外之事にて御驚き且御悲歎可有之候へ共、天也命也と御あきらめ相成度候。老生参上委細御話仕度候へ共、世人周旋候様に察候ては有害無益に付、当分は御無音致候。蔭なから為周布家為先人為老兄には誠意を以応分之尽力可致は勿論に候。何か御用有之候はゝ夜中御夫人にても御差遣はし可被成候。不尽

癸丑七月卅一日　　孫七郎

公平兄

世上先日来精神を労し、夜中安眠も致兼候位にて苦胸致居候。

〔註〕「封筒表」麻布笄町、周布殿、内陳。「裏」東京麹街貝阪〔印〕、杉孫七郎〔印〕。

10　大正（2）年8月18日

炎熱御無事欣然之至に候。扨本日上野停車場に於て芳川伯より彼の一件先始末相付、屏風は県庁へ買入之事にも可相成か之様子、委細は総理より内務大臣へ協議中に候。老兄及親戚知友之輩沈黙謹慎候様に

注意を要し候との話に候。素より沈黙謹慎は老兄に於ても必御疎無之と存候へ共、猶一層静粛所祈に候。因て速に逗子へ御引越相成候方可然と存候。暑中逗子辺多人数入込に付混雑を御避けは御尤に候へ共、対客謝絶ならは宜布と被思候。山県公は一時萩住居可然との意見之由に付、東京を速に御引揚如何、承御考相成度候。不尽

八月十八日　孫七郎

周布兄

若御話とも有之候はゝ、夜陰に御出被下候はゝ宜布と存候。

〔註〕「封筒表」周布様、内啓。「裏」杉孫七郎〔印〕。

11　大正3年2月23日

御書翰拝見、春寒涼渉〔ママ〕愈御清寧大賀之至に候。先日は吉富簡一死去前より御下県、万事御尽力相成、吉富一同之大幸に候。夫より九州へ御旅行、大牟田へも御一宿、其後三田尻貞永方へも御投宿相成候由、御苦労に存候。

老生鎌倉転地以来格別変候事無之候へ共、三月暖気相催候迄は滞養之考に候。都下議会紛擾、民心も囂乱実に言語同断〔ママ〕に候。実に奉対

陛下不堪恐懼次第に候。来月暖気相催候はゝ御来訪被下度候。草々頓首

甲寅二月廿三日　孫七郎

周布賢兄

少々御風邪之由御用心所祈に候。青木子死去は甚残念に候。且親中不和之事小生等容喙難致、梅三郎は後事を被托候由に付誠心尽力候様に相諭置候。

〔註〕「封筒表」東京麹町区紀尾井町三、周布公平殿、復啓。「裏」相州鎌倉坂ノ下、井上別荘、電話甲百二十八〔印〕、杉孫七郎〔印〕。

12 大正4年6月1日

一心《マヽ》情之事に付種々考慮致候処、是迄之参り掛りにて何とも妙按無之、山県公井上侯之考も手段無之、只自然に任せ時機到来を御待被成外致方有之間布と存候。今日御自身煩念よりして他人の御話は不面白候。素より同情者も有之候へ共勢不同情者も可有之、錦鶏間祗候議員之類も容易に難被行、仮令被行とも又々世論を惹起候も不可測、小生は御衷情を察し甚御気毒なれとも、官途之事は断然御絶念相成、別に終生の御覚悟有之度候。

山県公井上侯に於ても不顧世論物議老兄を再官途の人に致候事は、小生之親身として強て依頼難致、当時属官輩の不都合なる取計にて其責老兄に帰し候。御退隠にて漸く始末相付相済候。若裁判を受け青天白日の身と可相成御決心あれは隠居は失策に候。某氏小生に向ひ裁判上にて罪の有無を決すへしと論せしも、万一敗訴に及ひ候時は不可挽回失策と小生も躊躇致候。終に隠居御申出一件相片付候。当時小生も為老兄方針を誤候は遺憾千万に候。不具

大正四年六月一日　　孫七郎

公平兄

何か御妙按有之候はゝ熟考可致候。

〔註〕「封筒表」周布公平殿、内啓。「裏」東京麹街貝阪〔印〕、杉孫七郎〔印〕。

13　（　）年1月30日

番町邸は凡弐万七千円、裏通りは凡弐十円位の予定に候。弥の処は相談の上〔な〕らては不分候也。

一月卅日　　孫七郎

周布様

〔註〕「封筒表」周布様、拝復、杉。

高橋　新吉

1　明治42年5月5日

拝啓　益御清穆に被為渉奉敬賀候。然者御高話拝聴旁晩餐差上度候間、御用多之折柄御迷惑とは奉存候得共、何卒御繰合を以て来る九日午後五時半、湖月楼へ御光臨被成下候はゞ幸甚に奉存候。此段御案内申上候。敬具

明治四十二年五月五日　　日本勧業銀行　高橋新吉

周布公平殿

追て御手数之儀に候得共、御差支之有無折返し御一報奉願候。

寺島 宗則

1 明治（12）年12月16日

致披読候。明日も例刻出局之心得に御坐候也。

十二月十六日

宗則

周布書記官殿

〔註〕「封筒表」方《〔ママ〕》制局、周布書記官殿、寺島宗則。

中原 邦平

1　明治（44）年12月27日

拝啓　歳杪御多用と奉推察候。陳は佐藤保介儀引続き先大人事蹟材料取調居候付、本年末には折角之御謝儀御贈与被成下候方可然と奉存候間、此段内々申上候。為其而已草々拝具

十二月廿七日　　邦平

周布男爵　侍史

〔註〕「封筒表」横浜市伊勢町、男爵周布公平殿。「裏」東京芝二本榎西町二、中原邦平。年は消印。

西　徳二郎

1　明治31年3月28日

送第一九号
去る明治廿九年の夏伊国軍艦「ウンブリヤ」号に夥多の「コレラ」患者を生し、神戸及横浜の検疫所へ廻航を要し、弐三週間同所に碇泊の際、該艦乗組士官水兵等該地方帝国衛生官庁より非常なる厚遇を受けたるに依り、伊国政府は其厚意に報せんか為め、今般同国皇帝陛下より、当時兵庫県知事奉職の廉を以て、貴官へコンマンドール、ド、ラ、クーロンヌ、ヂタリーを贈与相成候趣を以て、在本邦同国公使より送り越候条、該勲章勲記共及送付候間御落手相成度、此段申進候也。

明治三十一年三月廿八日

外務大臣　男爵西徳二郎［公印］

行政裁判所長官周布公平殿

〔別紙〕　西徳二郎宛周布公平書翰控

去る明治廿九年本官兵庫県知事在職中、伊国軍艦「ウンブリヤ」号に夥多の「コレラ」患者有之、神戸港に碇泊の際便宜を与へ候廉を以て、今般同国皇帝陛下よりコンマンドール、ド、ラ、クーロンヌ、ヂタリーを贈与せられ候趣に依り、送第一九号を以て該勲章勲記共御送付被下候処、拙者儀は曩に在伊国日本帝国公使館参事官在勤中、明治二十二年、伊国皇帝陛下よりコンマンドール、ド、サンモーリスヱラザアル勲章を拝受致居候儀に付、其趣を以て在本邦同国公使へ御返付相成度、此段及御依頼候也。

明治三十一年四月　日

行政裁判所長官　周布公平㊞

外務大臣男爵西徳二郎殿

〔註〕「封筒表」伊国勲章の件、三十一年四月。本紙は外務省用箋、別紙は行政裁判所用箋を使用。

二条 基弘

1 明治28年2月27日

明廿八日午前十時保存林法案特別委員会正副委員長選挙致候に付、御出席相成候様致度、此段得貴意候也。

明治二十八年二月二十七日

公爵二条基弘

会場は議長室の上。

周布公平殿

野村　素介

1　明治（　）年2月2日

過日は貴翰難有拝誦、爾後益御壮勝奉賀候。小生事旧臘以来熱海に滞在候処、三月下旬までは暖地に居候が宜布と医師も申候へ共、余り長逗留に相成留守用向等差支も有之、此程一応帰宅仕候。再び出養生旁昨日より相州逗子へ罷越候。右に付過る廿七日一寸番丁〔ママ〕御邸へ相伺候処、前日既に御帰神に相成候趣、不得拝晤遺憾に奉存候。扨又江馬副院長より予而受合候揮毫物、実は気分未全復、随而手腕も不如意候に付、今度帰京之上尊兄之分共一同早速相認差送可申候間、其旨同氏へ可然御伝諭置被下度相願申候。小生も此地に一週間住居、都合に寄浦賀辺へ罷越、当月下旬比帰京之心組に御坐候。平岡通義氏も浦賀に滞在に有之候。先は為右、草々拝具

二月初二　　素介

周布様　侍者

原　保太郎

1　明治（29）年2月28日

春寒去兼候、愈御清穆奉賀候。扨先日は大津峰二郎氏之義御垂示拝誦、然るに今回設立之本県尋常中学は防長私立教育会之企望も有之、特別に相談候者にて校長之俸給に充る費用も無之、高等中学校長に委嘱し校長を兼務候様の事に付、乍遺憾応貴意兼候。不悪御諒恕奉願候。議会え御出席不相変御苦労奉存候。無程御同様之召集も可有之候。百事其節に相譲可申候。不備

二月廿八日　保太郎

周布先輩　坐下

〔註〕「封筒表」兵庫県知事周布公平殿、親展。「裏」山口、原保太郎。

原　嘉道

1　明治40年7月18日

拝啓　気候兎角不順に御座候処、益御健勝之段慶賀之至りに奉存候。然者逗子海岸地一部御譲受之件、数回御交渉に預り居り候処、其後拙者病気其他之事故之為め未た親く出張するの機を不得、依而過日他用旁枚七をして検分せしめ候処、兼て御送附之図面に依るも又実地に徴するも、道路之方の基点より少許にして少々境界（新）屈曲致居る由に候が、右にて御差支無之儀に候哉。拙者方にては固より是非何処を境界線とするの必要ある次第に無之候故、貴方にて屈曲したる線に催定することを欲せらるゝ次第なれは敢て彼此は無之候へとも、為念御照会申上候。又代価之儀は拙者方之買収代金其他諸雑費之計算上壱坪四円五拾銭程に相当り居り候故、其にて御異存無之候はゞ御譲り可申上、尤も分筆登記等を要し候はゞ其等は貴方之御費用にて御運ひ被下度、拙者方にては単に委任状御交附申上くる事に致度候。先は兼ての御交渉に対し御回答申上度、如斯に御座候。　敬具

明治四十年七月十八日　　原嘉道

周布公平様　侍史

〔別紙〕　原嘉道宛周布公平書翰控

拝啓　益御清祥奉拝賀候。陳は兼而御願申上候逗子海岸御地面御分譲の儀、早速御内話被下、本月十八日附御書面を以て御回示の趣拝承、御厚情奉謝候。屈曲云々は或は図面少許誤り居候も難計候が、要するに道路之北方の御所有地との境界より海岸御所有地に見通し、直線の境界に改め度き希望に御坐候間、此上は貴方技師と当方技術者と立会の上測量を為し確定致度候間、御都合の節技師実地え御派遣相願度候。尤も一両日前に日取御通知被下候はゞ同時刻に当方よりも出張せしむべく候。且又登記手続き并代価等の儀は都而御申越の通敬承可取計候。

〔註〕「封筒表」横浜市伊勢山官舎、周布公平様、親展。「裏」東京麹町区飯田町三丁目十五番地、原嘉道。

2　明治（40）年12月30日

拝啓　歳末に逼り候処益御清適之段奉賀候。然者兼て御申込之逗子新宿河岸地拾尺計御譲渡之件、過日実地に就き検分致候処、今回御申込之小区域ならは御譲渡申上候ても小生方に於て別に差支も無之に付、御都合に依り分割致可申候。先は右得貴意度如斯に御座候。敬具

十二月卅日　　　　原嘉道

周布公平様　侍史

〔註〕「封筒表」〔横〕浜市伊勢町、周布公平様、親展。「裏」相模鎌倉滞在中、原嘉道。年は消印。

3　明治（41）年4月29日

拝啓　気候兎角不順に御座候処、益御清康之段奉賀候。然者逗子新宿地所分割御譲渡に関する必要書類取揃御送附申上候間、御領収之上可然御取計被下度候。代金之儀は地所之原価に工事費等を加算致候ときは四拾五円程に相成り、甚た僅少之坪数にて高価に相当り御気之毒に存候。又売買証書に記入すへき価格は、登録税之関係より該地方は甚た低価に記入する例と相成り居り候様なれは、今回に限り真正の代金を記入するときは将来他の迷惑と相成る哉とも相考へられ候へば、其辺御斟酌可然御記入被下度、其為め欠字と為し置き候間、是亦御了承被下度候。匆々不備

四月廿九日　　原嘉道

周布公平様

平塚 広義

1　明治（44）年（1）月（18）日

知事

警保局長より電報（暗号訳）

幸徳伝次郎外二十五名に対し、本日公開にて判決言渡あり。新田融懲役十一年、新村善兵衛懲役八年。其の他皆死刑。別に起訴したる顛末を公にせらる。

〔註〕「封筒表」知事閣下、親展、平塚事務官。神奈川県庁用箋使用、欄外に平塚の認印。

2　明治（44）年（10）月（　）日

市部役員問題の件

市部政友刷新両派間に於て役員割当てに関し交渉纏まらず、本日迄延期となりたりしが、昨日来市部政友会派は佐藤政五郎方に、刷新派は八百政に会合し、各々主張を固持して動かず。政友会派は脇沢金次郎、赤尾彦作、刷新派は増田増蔵仲才者となり相互交渉したるも遂に交渉纏まらず。本日役員選挙を行ふことに決したるものにして、市部政友派中には断然一名も役員を刷新派に与へず、全部政友派に占めんと主張するものもありしが、結局将来市の平和の為め、仮之刷新派に於て受けざるにもせよ、多数決にて左記の通り選挙を行ふ由にて、若し刷新派に於て此の選挙を辞するなれば、其上にて全部を自派に引受くることゝせば、一般市民の同情をも失墜することなかるべしとの意見にて之に決定せり。

市部会議長　大浜忠三郎
〃　副議長　大貫市左衛門
参事会員　上郎清助
〃　石井　直
〃　森田伊助
〃　海老塚徳三郎
補充員　間宮秀次郎
〃　飯泉幸三郎
〃　平沼亮三
〃　兵藤芳矩

〔註〕「封筒表」知事閣下、平塚事務官。神奈川県庁用箋使用。

3　明治（　）年（　）月2日

謹啓　本日汽車中にて御下命有之候薫育院の件に就き検事正を訪問候処、主任服部検事より未だ報告なき由に付〔割注：同検事は昨日より大磯の方へ出張し、分院の方に関し取調をなしたる趣に有之〕、犯罪成立するものありや否や目下分かり兼候間、同検事の報告あり次第小官へ内報せらるゝ約束致置候条、左様御承了を仰き候。尤も右は密告に基き取調に着手したるものの由にて、其内容は極めて細々しき事のみなれど多数ある趣に御座候。敬具

二日夜　　　　平塚事務官

周布知事閣下

〔別紙〕
来る四日郡部参事会員并に中村瀬左衛門・川井考策の両名、高座郡境川堤防復旧工事の実地視察に赴く由に決せり。要は先日県会に於て現事者の説明が果して真なるや否やを確かむるにありと云ふ。

平塚〔印〕

〔註〕「封筒表」知事閣下、親展、平塚事務官。

4　大正（8）年11月10日

謹啓　過日御来遊被下候折は甚た失礼のみ申上け汗顔之至りに不堪候。然るに早速御挨拶を辱ふし難有奉存上候。途中御無事御帰宅被遊候由、何よりの御事に御座候。晩秋の候に御座候得者、折角御自愛被遊候様奉祈上候。

早速陳謝旁御挨拶可申述之処、出張いたし延引仕候段御宥恕被下度希上候。
乍末筆令夫人へ宜敷御願申上候。頓首

十一月十日　平塚広義

周布明台　閣下

〔註〕「封筒表」東京市四谷区南町八八、周布公平様、侍史。「裏」宇都宮市官舎、平塚広義。年は消印。

5　昭和（14）年10月8日

謹啓　平素は御無音に打過申訳無之候。然るに御一同揃弥々御健勝に被為渉奉賀上候。扨今回は多年御厚配の蒲田御聖蹟は、東京市に其保存方を御移譲相成候趣、誠に結構の次第に有之、感激罷在候。全く一方ならざる御苦心の結果と拝察仕候。

右につき大島会長閣下より御案内有之、恐縮罷在候。然るに当日は止むを得ざる用事のため近県へ出張と決定致居、繰合せ兼ね候間、甚た失礼なから欠席候に付、不悪御諒知被下度御願申上候。いづれ拝眉の上縷々可申述、先は御挨拶旁如此に御座候。頓首

十月八日　平塚広義

周布男爵閣下　侍史

〔註〕「封筒表」四谷区南町八八、周布兼道様、侍史。「裏」目黒区中目黒三ノ九四六、平塚広義。年は消印。

松方　正義

1　（　）年3月25日

御手紙之趣縷々拝承、逐一御尤に有之、大磯行は御取止之方幸ひに御座候。拝復

三月廿五日　　　　　　　　正義

周老台

〔註〕「封筒表」周公平殿、親展拝答。松方正義。

三浦　安

1　明治28年2月5日

拝啓　陳者各位御上京之好機を得るに付、来る七日午後四時芝公園紅葉館に於て一小会相催共に晩餐懇話致度候間、御同意に候はゝ右時刻同所へ御来車被下度、此段及御申合候。拝具

明治廿八年二月五日

三浦東京府知事
千家埼玉県知事
加納鹿児島県知事
沖和歌山県知事
小畑香川県知事

周布兵庫県知事殿

追て御諾否折返し東京府庁へ御一報を煩度候也。

壬生　基修

1　明治28年9月30日

写

拝啓　逐日秋冷相加候処、弥御清福奉賀候。陳は方今我国の趨勢大に武道拡張の必要を感し、今般同志者相謀り大日本武徳会なるものを起し、延暦朝の盛事に基き京都市平安神宮の辺りに武徳殿を再興し、別冊規則の旨趣を遂行し、就中毎年一回全国著名の武道家を会し古今各種の武術を演し、一は以て神徳に報ひ奉り、一は以て尚武の気象を涵養せんとするの精神にて規模相立候折柄、恰も征清軍大本営を京都に移させられ、尋て大総督陸軍大将大勲位

彰仁親王殿下大本営へ御凱旋相成候に付、本会総裁に推戴仕候処御承諾の栄を蒙り、又当時滞京の陸海軍大将内閣大臣其他元老諸公追々賛成を表せられ、爾来陸続入会者有之、未た世間に広告せさるに先て既に一万有余の会員を見るに至り、本会の面目不過之、殊に

総裁宮殿下より篤き奨励の令旨を賜はり候に付、今回弥世間に発表し、来る十月二十五日より二十八日迄四日間、第一回武徳祭並に大武術会を催し、此際奮て会員を全国に募り、大に斯道の拡張相図候事に決定仕候。且今般

総裁宮殿下より貴官へ御管内誘導方御委嘱相成候旨に付ては、百事御多端の際には可有之候得共、前陳

の如く本会は一意国家の元気を振作し尚武の気象を涵養せんとするに外ならさる儀に付、何卒微忱の存する所御諒察、十分御尽力奉煩度、規則相副此段添て御依頼申上候也。敬具

明治廿八年九月三十日

大日本武徳会副会長　伯爵壬生基修

大日本武徳会長　渡辺千秋

兵庫県知事周布公平殿

〔註〕兵庫県用箋使用。

村上 義雄

1　明治（28）年3月3日

拝誦仕候。時下益々御清祥恭悦存候。頃は御帰県之段日取御内示之義夫々了承仕候。御同様県地を避て御会合之義は至極御同感に有之候。然るに本県之義書記官事当時広島へ出張中に有之、此際小官管外に出候義内外差閊之事情も有之候。尤今月之十日前には必す帰県之筈に而、其已後に相願度奉存候。御承知之如く本県は一渡海をなさゝ《〔マヽ〕》る義に而少々困却仕候。現今善後策を講する為め御会同御内話の義は尤秘密を要せされは書に過ち可申義申上候。申上候も□□何分前条之義御明察被下度候。先つは取急き御答迄。早々頓首

三月三日　　義雄

周布老台　侍史

尚々本条書記官帰着之上は小官より更に可申上義と奉存候事。

〔註〕「封筒表」兵庫県神戸市下山手通五丁目、周布公平殿、親展。「裏」徳島県徳島市新萩町、村上義雄。年は消印。

山県 有朋

1　明治（23）年2月25日

秘書官三人は二人にて十分と存候。総理大臣と外務大臣のみ三人に有之様覚申候。是は其儘に存し置も可然歟、されとも他省をして猶一人を増加せしむるは不都合と存候。外に意見無之候。貴族院第四条に依り勅令按意見無之候。右は孰も閣議提出相成度存候。草々不一

二月廿五日　　有朋

周布書記官長殿

〔註〕「封筒表」周布内閣書記官長殿、親展急啓。「裏」山県有朋。

2　明治（23）年3月6日

敬読、青木子と御面談被成下候得共別に好工風も無之趣に付、此上は致方無御坐候。俸給令は上奏相成可然存候。都築〔ママ〕之事は明日御相談可仕候。拝復

三月六日　　有朋

周布書記官長殿

〔註〕「封筒表」周布書記官長殿、親展貴復。「裏」有朋。

３　明治（23）年３月15日

秘書官昇給之事は上奏相済候はゝ暫時発表御見合置可被下候。孰拝晤之上決行可致と存候。草々如此

三月十五日　　有朋

周布君　机下

〔註〕「封筒表」周布書記官長殿、親展復。「裏」有朋。

４　明治（23）年３月17日

只今用事有之使之者さし出申候。別書検印相整さし出申候。夫々御運ひ可被下候。将都築〔ママ〕之事も御発表相成度候。草々頓首

三月十七日　　有朋

周布君　机下

〔別紙〕

外務大臣秘書官

奏任官二等下級俸

廿三年三月七日　　赤羽四郎

奏任官四等下級俸
廿三年三月七日　伯爵姉小路公義
内務大臣秘書官
奏任官一等下級俸
廿三年二月五日　久保田貫一
大蔵大臣秘書官
奏任官一等下級俸
廿二年三月廿九日　平山成信
奏任官二等下級俸
廿二年十二月廿一日　谷　謹一郎
司法大臣秘書官
奏任官一等下級俸
廿年十二月廿八日　栗塚省吾
奏任官二等中級俸
十九年四月十日　○菊池武夫
文部大臣秘書官

奏任官二等中級俸
廿二年四月廿日
永井久一郎
奏任官三等中級俸
廿一年六月七日
農商務大臣秘書官
中川　元
奏任官三等中級俸
廿三年一月廿一日
逓信大臣秘書官
原　敬
奏任官三等中級俸
廿三年一月廿八日
若宮正音

〔註〕「封筒表」周布書記官長殿、親展急啓。「裏」有朋。別紙は内閣用箋使用。

5　明治（23）年3月28日

昨夜は電報接手、官制は先以其儘にて相済候得は無此上事と存候得とも、孰多少之変更を加へ不申而は整理如何可有之歟と察申候。別書中山え御渡し可被下候。草々如此

有朋

周布君

〔別紙〕
一千円之迚御払渡之事。

三月廿八日　　　　　　　　　　　　　　　有朋

〔註〕「封筒表」周布内閣書記官長殿、親展機密。「裏」有朋。

6　明治（23）年4月15日

昨日は御無事御帰京欣然之至に候。扨は大蔵大臣より外国来賓入之儀に付別書閣議按京師発途之際提出致し候付、各大臣え如例御廻送有之度候。且金庫規則中臨時至急之場合に限り日本銀行総裁限り便法取計之事に付、報告差出候書類共差出し候付御査収相成度存候。余事今晩明朝之中帰東之上可申陳候。草々不一

四月十五日　　　　　　　　　　大磯駅小淘庵にて　有朋

周布書記官長殿

〔註〕「封筒表」〔東〕京麹町区中六番町、周布内閣書記官長殿、親展急啓。「裏」東海道大磯駅、山県家々扶。年は消印。書留。

7　明治（23ヵ）年4月27日

此中御噺致候集会条例は其後如何相成候や、御序形行御漏可被下候。別書勅令按検印さし出申候。繭糸

改良会社申出書類は明日閣議に於て何分相決可申候。行在所行之人は明夕出立為致度存候。孰明日面晤之上に細事は譲り可申候。草々不一

四月廿七日　有朋

周布賢兄

〔註〕「封筒表」周布書記官長殿、親展。「裏」有朋。

8　明治（23）年（5）月（　）日

大臣并枢密顧問撰挙に付閣議按壱冊此者え御附与可被下候。

有朋

周布兄

〔註〕「封筒表」周布君、有朋。

9　明治（23）年6月5日

今日監軍并に師団長転免之事に付、暫時発表見合置候様にと谷森書記官え申含置候処、桂、川上両少将昇等之事件も同様見合居候儀と察申候。右昇等之儀は明日御発表相成可然推察申候。別に陸軍大臣より注意之儀有之候はゝ、御聞合之上御取量ひ相成可然と存候。区別を不立申聞候付猶重而申進候。草急如此

六月五日　有朋

周布書記官長殿

〔註〕「封筒表」周布書記官長殿、親展急啓。「裏」山県朋。

10　明治（23）年6月24日

本日六十七条之理由書を枢密院に送附之儀に相決し、直に廻送相成候処、理由書之外に陸軍大臣より之意見書送致相成候儀は如何之事に候や。此意見書を送附候得共、第一に附箋も附与不致ては更に相分り申間布候。既に顧問官え議長より差出候以上は今更致し方も無之候得共、徒に議論を喚起致し候事歟と察申候。爾後注意候様書記官に御含置可被下候。気付候儘申進候。草々不一

六月廿四夜　有朋

周布君　坐下

〔註〕「封筒表」周布書記官長殿、親展。「裏」有朋。

11　明治（23）年6月28日

拝読仕候。行政才判所兼任之人名に付而は猶熟考致し決定可仕と存候。今日は目白草廬に罷在候間御都合次第明朝にても御面談申上万事取極可申候。草々復

六月廿八日　有朋

周布賢兄

〔註〕「封筒表」周布書記官長殿、親展復。「裏」有朋。

12　明治（23）年6月30日

貴翰拝誦、内閣官制之事件に付書記官之人員を現官制之儘差置候方事務取扱上に付可然との御意見了承、今般減員難相成儀に候得者強而減少候にも及ひ申間布候。孰詳細後刻出閣之上可申陳存候。尤今朝直に決定致し不申而は不都合之儀も有之候はゝ、四人之定員にて御裁可を仰候様御量り相成可然候。先は貴答耳。草々如此

六月卅日　　　有朋

周布書記官長殿

〔註〕「封筒表」周布書記官長殿、親展急答。「裏」有朋。

13　明治（23）年7月26日

別冊追加予算は発布を大にさし急候儀に候由、若左まて不差急は両三日中に大蔵大臣面晤之上発表致し度存候。

別書海江田議官え御送致可被下候。少々中暑之気味故今日は出閣致し不申、可然御取計らひ可被下候。

草々如此

七月廿六日　　　　　　　　　　　　　　　　　　　　有朋

周布書記官長殿

〔註〕「封筒表」周布書記官長殿、親展急啓。「裏」有朋。

14　明治（23）年7月27日

御服病之趣、何卒御加養不堪希望候。被仰聞候会計補則云々之儀は伊東書記官長と談合候様清浦え御話し合相成候方可然様存候。小生よりも伊東え申含置候儀も有之、弁明之旨趣は起草候哉に察申候。此趣至急同人えも御申談相成度候。草々復

七月廿七夜　　　　　　　　　　　　　　　　　　　　有朋

周布賢兄

尚安広えは早速賢兄よりも御移置相成度、当人を先に説臥せ候儀も可有之と察申候。御手出し相成度候。

〔註〕「封筒表」周布書記官長殿、内復。「裏」有朋。

15　明治（23）年7月31日

勅省令え罰則を附与する法律按曩に枢密院え御諮詢に相成居、来月二日一読会を開くの事に決定せり。然るに別書法制局主任者の異見を提出し、勅令へ将来罰則を附与するの不可なるを論せり。此議論は法

制局の意見と見倣して可なり。何となれは省令へ罰金二十五円を附与するの法律按へ内閣に於て勅令の二字を加へたるか故に、法制局議と仝一ならさるの基因を生したれはなり。右の次第なるを以明日中に内閣各位に閲覧をなし置くの必要を看るに到れり。至急御取計ひあるべし。

七月一日集議院《ママ》議員撰挙を終へたる後に於ては、止を得さるを除く外法律を発布するは徳義上より云々のロエスレル氏の意見書を所持させ、安広書記官を当地にさしま〔は〕されたし。

右は差掛候事項に付此書状着次第御量ひ相成度候。草々如此

七月三十一日朝　　　　有朋

周布書記官長殿

〔註〕「封筒表」東京内閣に於て、周布内閣書記官長殿、親展至急。「裏」相州大磯駅小淘庵、山県有朋。年は消印。書留。

16　明治（24）年2月3日

別紙法律按に付意見無之、各大臣え御出し相成可然候。然処第一条中其費途費額同一なるものと有之候得共、廿三年度と四年度と果して同一を期候事は科目に依り実際さし支可申故に、前年度費額より増加せさるものは可然と解釈致し候へは、同一之字句不穏敷に相考申候。一応御考究之上各大臣え被差出度候。為其草々不一

二月三日　　　　有朋

周布賢台

〔註〕山県有朋4の封筒に混入。

17　明治（24）年3月14日

貴簡高島より接手一読、金子昇叙之事は於小生は異論無之に付、内閣に於て一決候様御量ひ相成度候。草々如此

三月十四日　　含雪

周布賢兄

〔註〕「封筒表」周布君、有朋、親展復。

18　明治（24ヵ）年3月18日

昨夜は遠方御苦労に存候。陸奥より之別簡一応兄御一読之上、緘封を被成同人え御渡し可被下候。為其さし急草々如此

三月十八日　　含雪

周布賢兄

〔註〕「封筒表」大磯百足屋にて、周布内閣書記官長殿、親展急啓。「裏」有朋。

19　明治24年3月23日

此際至急改正を可要事項は左の如し。

一、各省官制通則中三四改正之事、
一、官等俸給令中三四改正之事、
一、法制局官制改正之事、
一、内閣所属職員官制改正之事、
一、警視、北海道両庁官制改正之事、
一、行政才判所俸給は是迄決定無之一般俸給令に寄り候付、此際取極め可申事、
一、枢密院官制は昨年改正相成候而後は事務至而簡少に付、随而俸給改正相成候はでは正当を欠可申事、

右改正に付而は、警視、北海道両庁官制変更草按は内務省より提出可相成、其他は別紙に意見相認供清覧候。尤枢密院は議長と談合之上取極め可申に付、未た起草に不立到事。

一、一般職俸之論は猶深く考究之上熟議を尽し申度候事、
一、検査院俸給之儀は他と権衡をとり改正可致哉は篤と考慮之後評議を試み申度事、
一、判任官俸給令毎等定員を決するに付而は猶考慮を尽し評議致し度事、

明治廿四年三月廿三日　　　　有朋

〔註〕「封筒表」周布書記官長殿、親展機密。「裏」托中山秘書官、小淘庵主。

20　明治（24）年5月13日

御多事想像に不堪候。別書外務大臣より之電報早速御送致被下候段、総理大臣え可然被仰入可被下候。猶此後之電報有之候はゝ御手数なから御内示被下候様にと所願候。先は貴答耳。匆々如此

五月十三日　　　芽城山人朋

周布君　梧下

〔註〕「封筒表」周布内閣書記官長殿、親展急復。「裏」有朋。

21　明治（26）年（6）月（25）日

〔註〕「封筒表」兵庫県神戸県庁にて、周布兵庫県知事殿、親展急啓。「裏」東京目白台、山県有朋。年は消印。

封筒のみ。

22　明治（26）年12月1日

小春之候、弥御清康遥賀之至に候。老生も初秋来健康を害し、転地療養候様医師之勧告に依り先般元気回復之旅行思ひ立当地滞游、日々碧榆紅楓之間を逍遥し加養罷在候付、幸に御放懐可被下候。扨当節は県会開院中にて日夜御配慮不少と不堪遠察候。乍去貴諭之趣にては当年は総而平穏無事閉会之御見込も相立候得は、不日議了候事歟と察申候。曽而御約束仕候舞子辺游覧之儀は十日比罷越可申と含居候。猶

老兄之御都合御一報所願候。鴨涯には古沢、国重両氏来游、日々風流談話に消光仕候。先は為其草々頓首

十二月一日　芽城山人

周布賢台　坐下

尚内海は如何致し居候や、些々出かけ候様御伝言可被下候。再白

又云令夫人え御一声可然所願候。

〔註〕「封筒表」兵庫県庁にて、兵庫県知事周布公平殿、親展急啓。「裏」京都木屋町大津屋、山県有朋。年は消印。

23　明治（27）年8月22日

昨今は秋気颯然相催候処、弥御清勝遥賀之至に候。其後韓国戦争も暫時打絶居候へとも、平壌之清兵追々侵入之状況に付、五六日中には一大開戦可立到と察申候。今日之情勢にては貴地及ひ大坂は商業上には不容易影響を与へ候事とて内外御配慮不尠と察候。扨別書履歴之者平田書記官長より依頼を受無拠御相談に及候儀に付、何と歟御工風被下度所願候。此際斯る些少之事御煩し致候段亦不得止事に候。其中時下御自愛専祈之至に候。于時総撰挙之事期もさし迫り殊更御多忙不堪遠察候。草々不尽

八月廿二日　芽城山人

周布賢台

〔註〕「封筒表」兵庫県庁にて、周布兵庫県知事殿、親展内啓。「裏」東京目白台、山県有朋。

24　明治（28）年11月23日

京都一別後弥御清勝欣然之至に候。其後県内御巡視も相済み、比日は県会開会中にて頗る御多事之時歟と察申候。

老生も西京滞留中至急帰京候様との命有之、三四日前帰京、東西奔走罷在候。百事御推察可被下候。于時願度一事有之、余之儀にも無之、灘名酒一樽御撰ひ相成候て直に御廻送被下度侍者に御命し可被下、実は来月二三日比入用之事に付、可相成は速に相届き候様御計ひ所願候。総而雑費其外併而侍者より可申遣様是亦願置候。

近日都門之景況は他より之報知にて御了承之事と不贅候。余事後鳴に譲。時下御自愛専祈万禱、草々不尽

東京　芽城山人朋頓首

十一月廿三夜

周布賢台　坐下

〔註〕「封筒表」兵庫県神戸県庁にて、周布兵庫県知事殿、親展急啓。「裏」東京目白台、山県朋。年は消印。

25　明治（29カ）年6月25日

爾後御清寧遥賀之至に候。

扨先日は紀淡海堡砲撃試験、砲台巡視等御同行致し、近来之快諭此事に候。神戸一別後御約舞子行を果し可申之処、名古屋閲兵之儀も頻に相催し候に付、京師も一両日之滞游にて直に発足、名古屋師団に罷越申候。夫是遂に御違約に及ひ候段御海容所祈候。孰れ休暇中は御上京も可有之と察申候。何れ其節面陳に譲可申候。草々頓首

六月廿五日　芽城山人朋

周布賢兄

〔註〕「封筒表」周布兵庫県知事殿、内展。「裏」別封御届可被下候又云、有朋。

26　明治（29）年11月30日

花翰敬読、明日舞子え可罷越様被仰聞了承然処今四五日間はさし支有之、乍遺憾余趨欲相成。御急答迄。草々復

十一月卅日夕五字　有朋

周布賢兄

猶世外伯来神之由、よろしく御一声可被下候。

〔註〕「封筒表」兵庫県神戸、周布兵庫県知事殿、親展復。「裏」京都、山県朋。年は消印。

27 明治（29）年12月5日

態々来使を以芳翰接手、一読弥御清康欣然。扨舞子行之事に付屡懇篤なる芳意を忝し不知所謝候。老生も漸次健康旧に復し、十日過には一先帰京可致相含居候。就而は明後朝より大坂に罷越両三日滞留、再ひ当地に帰り夫より帰京之心組に候。此大坂行は多少職務上之用事も兼候得とも、さしくり相成候はゝ滞留中舞子一游相試可申と存候。昼寝牀は小林取帰り候故、彼方え来使さし遣し可申様申含候。先は不取敢急答迄。草々、余は面晤に譲可申、不尽

十二月五日　　　　京都にて　無隣庵主朋

周布老兄

猶丹醸は未た尽不申、又後日相願ひ可申候。再白

〔註〕「封筒表」神戸、周布知事殿、親展急復。「裏」托来使、有朋。

28 明治（29）年12月13日

花墨敬読、弥御清寧欣然。扨曽而略御約束致し候様、大坂師団巡視後直に舞子御別業に一両日巡游し、青松白砂之間に逍遥し間養《〔ママ〕》可致相楽居候処、帰途名古屋師団閲検之議惹起し名古屋にて両三日滞留に相決し、彼是時日を要候に付不得止一先帰庵致し候次第にて、乍遺憾此度は巡游を不果、孰明春は約を果し可申と存候。可然事情御酌量可被下、且先日御恵贈之丹醸は最も名醸に付、一樽当年末迄に東京え御贈付被下度相願候。途上障害を蒙りては名醸も悪酒と一変し何ら妙味も無之、是亦厳重御下命を願候。

余事拝光を期し可申、草々、一大時御自重是祈。頓首

十二月十三日　　　　京都　無隣庵主

周布老台　坐下

丹醸費用は執事より御申遣しを願置候。

〔註〕「封筒表」兵庫県神戸県庁にて、周布兵庫県知事殿、親展急復。「裏」京都、山県朋。

29　明治（30）年4月12日

春暖之候、弥御清勝欣然。扨は俄然蓙外之間地に移転せられたる一報は実に意外千万、いまも残懐之至に候。于時近日当地御来游之事了承、然処老生は明日午後之汽車にて帰京之途に就可申含に候。孰六七月之比には再ひ漫游之覚悟に付其節得面晤、緩々奇事珍情談咲可試候。先は回答旁草々、時下為邦家御自重是祈。

四月十二日　　　　東山　無隣庵主

周布賢兄

〔註〕「封筒表」兵庫県下舞子浜辺にて、周布公平殿、親展。「裏」京都南禅寺前、山県朋。年は消印。

30　明治（30）年9月12日

秋気颯然来襲、弥御清寧欣賀。

扨先日略御話有之候様、此中比より弥東上之事に御決定之趣芳墨に接し了承、老生も十五六両日中には発途可致相含候付御同車致し候へは甚仕合申候。時刻は京都発午後八時何分之汽車に乗組可申含に候。発軔之日取極め候はゝ電報にて可申陳候。回答迄、草々不一

九月十二日

京都　無隣庵主

周布賢台　坐下

須磨行も遂に不相果遺憾、尚厚情御高恕。

〔註〕「封筒表」兵庫県下舞子浜辺にて、周布公平殿、親展。「裏」京都南禅寺前、山県朋。年は消印。

31　明治33年8月（　）日

拝啓　益御清福欣然之至に候。陳者今回老生還暦之寿を祝せられ銅像建設之佳貺を辱し万謝此事に候。此品些少に候得共記念之為め供咲覧候。敬具

明治三十三年八月

山県有朋

周布公平殿

〔註〕「封筒表」横浜市伊勢町二丁目官舎、周布公平殿。「裏」山県有朋。

32　明治（33）年9月3日

拝啓　残熱難去之候、益御清穆之御義敬賀仕候。扨貴地居留地海岸拾六番館に而写真営業罷在候山辺善

次郎義は老生年来熟知之者に有之、多年桑港に於る写真術専修、其道には随分熟達之事と被存候。同人義貴堂之御眷顧を受度旨切望罷在候付而は、自然参邸相伺候節は何卒御面会被下、御差支なき限り御着愛被下候様相願候。右同人御紹介申度如此候。匆々不尽

九月三日　　椿山荘主朋頓首

周布老兄　几下侍史

〔註〕「封筒表」神奈川県庁、周布神奈川県知事殿、親展。「裏」東京、侯爵山県有朋。年は消印。

33　明治（34）年1月11日

先日は態々御来訪被下深謝、其節御談致し置候様、明後日午後御地罷越可申含に候。就而は須磨御別業に直に参り可然歟、又は神戸にて御面晤を得可申歟、御都合如何を御一報可被下候。そして小松原同行之積に候。草々不尽

一月十一日　　京都無隣庵主頓首

周布老兄

〔註〕「封筒表」兵庫県須磨浦周布公平氏別荘、周布神奈川県知事殿、親展急啓。「裏」京都無隣庵、山県朋。年は消印。

34　明治（34）年12月6日

先日は御来訪被成下多謝。此節は県会開期中殊更御多忙不堪遠察候。扨別後御令息より御庭前之柚御投与、猶一昨日は鶉沢山御送恵被下忝深謝、早速相試候処殊之外賞味仕候。且井戸水試験に付而は技手御さし遣し被下、是亦些謝意を表し候。老生も爾来倍快方に立到り、乍余事御懸念被下間布候。時下為邦家御自愛専祈。草々不宜

十二月六日　　　大磯小淘庵主朋頓首

周布老兄

猶令夫人え可然御一声相願候。再白

〔註〕「封筒表」神奈川県横浜官舎、周布神奈川県知事殿、親展。「裏」大磯駅、山県朋。年は消印。

35　明治（35）年2月4日

拝読、此中は御来訪多謝。扨寒中新筍御恵贈被下、毎度珍らしき物難有早速賞味可致相楽居申候。此中上海定期航海船表御送付落手、御手数を煩恐縮之至に候。先日も御内話有之候貴院予算復活問題如何にも不堪懸念故、三両日前芳川逓相来訪に付、将来不幸之結果を不見様首相之演説を以、協議会破裂之際に於て余地を取之策を講し置候様にと、余り極端之議論に候へ共、万一も一敗に望み政府□〔破レ〕安全之地に立将来之密策施行之方略を論談に及候。差而□〔破レ〕慮も有之様、善後策十分御尽力不堪希望候。回答旁草々不尽

二月四日　　　大磯小淘庵主朋

周布賢兄

〔註〕山県有朋19の封筒に混入。

36　明治（37）年2月23日

軍国政務上日夜御多事不堪遠察候。扨は別書翰并に短刀一横浜ハアブールブラント氏え贈進可致ものに付、甚御手数に候へ共直に相達候様御取計相願候。右之品は明日又は明後日中には貴邸迄為持さし出し可申と存候。予め御依頼致し度申陳候。余事在面晤、草々不一

二月廿三日　　東京　有朋

周布老兄　坐下

〔註〕「封筒表」神奈川県横浜伊勢町官舎、周布神奈川県知事殿、親展。「裏」東京小石川区芽城台、山県朋。年は消印。

37　明治（44）年12月25日

雲箋拝誦仕候。陳者水道技術者の義に関しては種々御配慮被下仕合奉存候。此件に付ては何れ来春小田原にて御面晤の上、取極の事は其節御相談致度、先は不取敢御返事申上候。拝具

十二月二十五日　　山県有朋

周布公平殿

〔註〕「封筒表」横浜伊勢町官舎、男爵周布公平殿、親展。「裏」目白椿山荘、山県有朋、枢密院用〔朱印〕。年は消印。

38　明治（45）年1月23日

爾後御清福万賀。扨事務御引継も追々相片付不日御帰京可相成と察申候。付而は御帰京前鳥渡御面晤願度と存候。例之水道技師等に付而も猶一応御示談相試可申と存なからツイ今日まて遷延候付、旁御面会を煩し度申進候。何も譲拝青、草々不尽

一月廿三日　古稀庵朋頓首

周布顧問官殿　侍史

〔註〕「封筒表」神奈川県知事官舎にて、周布枢密顧問官殿、親展。「裏」相州板橋古稀庵、山県朋。年は消印。

39　明治（　）年1月8日

昨日御談話致置候久原庄三郎差出候付御面会可被下候。小生も今午後二三時比之汽車にて大磯え罷越可申含居候。草々不一

一月八日　有朋

周布賢兄

〔註〕「封筒表」周布公平殿、親展。「裏」山県朋。

40　明治（　）年3月2日

貴翰拝読、被仰聞候儀致承知候。検印為済次第追而御送附可致候。草々復

三月二日　有朋

周布君

〔註〕「封筒表」周布書記官長殿、親展復。「裏」有朋。

41　明治（　）年3月6日

今朝鳥渡御来訪被下度候。草々頓首

三月六日　有朋

周布老兄

〔註〕「封筒表」周布書記官長殿、親展急啓。「裏」有朋。

42　明治（　）年3月17日

別書渡辺検査院長より差出候付差出申候。院長出張無之而は検査上不都合と申訳も無之耳ならす、院長実地之検査は事頗重要に関る儀は格別に候得共、当度之詮〔ママ〕儀は正当なる事と存候。草々如此

三月十七日　有朋

周布君

〔註〕「封筒表」周布書記官長殿、親展。「裏」山県有朋。

43　明治（　）年（　）月20日

別紙は御書改め之通に而宜敷候。即ち及御返却候也。

廿日　　有朋

周布書記官長殿

〔註〕山県有朋1の封筒に混入。

44　明治（　）年（　）月（　）日

〔註〕「封筒表」周布内閣書記官長殿、親展急啓。「裏」大磯駅にて、山県有朋。封筒のみ。

45　明治（　）年（　）月（　）日

〔註〕「封筒表」周布書記官長殿、親展。「裏」有朋。封筒のみ。

46　大正5年4月7日

雲箋敬読、時下逐日暖気相催候候、益御清適欣然之至に候。扨老生宿痾毎度貴念に被為懸御厚情不堪感

謝候。其後漸く軽快に趨き去廿四日湘南草廬に帰養候処、風邪に冒され又もや臥床、医師の勧めにより総て面会を謝絶し安静療養罷在候。乍去さしたる事には無之御懸念御無用に存候。右の状態に付執筆難致、以代筆御挨拶に及ひ候。草々復

四月七日　　湘南草廬にて　有朋頓首

周布男爵殿　梧下

〔註〕「封筒表」東京麹町区一番町十四、周布男爵殿、親展。「裏」相州小田原板橋、山県有朋。年は消印。

47　（　）年11月4日

秋晴之候、御清適欣然。扨先日御来訪之節御話し有之候来る八日小集之儀御約諾致置候処、外国人と無拠会合不致ては不相成に付乍遺憾参趨難相成、突然御違約致候儀は甚如何布候得共、斯る事情御酌量本田君其外え可然御計ひ被下度、為其さし急拝啓、余事万在面晤。草々不尽

十一月四日　　有朋

周布賢台　坐下

〔註〕「封筒表」番町にて、周布公平殿、親展急啓。「裏」有朋。

48　（　）年（　）月12日

拝読、被仰聞候様御取計ひ可然存候。乍併相儀は昨日逗子え罷越不申哉は聊疑団有之候に付、彼方えは

今一応突留候て然後壱人御派遣可然候。草々復

十二夜

有朋

周布賢兄

〔註〕「封筒表」周布賢兄、急復。「裏」有朋。

山田顕義

1 明治（　）年3月19日

只今致調印候地方官奏任以下慰労手当金下賜之議按は暫御見合可被下候。委曲後刻御面晤可申候也。

三月十九日

〔註〕「袖書」周布殿、山田。

山田 信道

1　明治30年4月19日

拝啓　時下春色駘蕩之候、御起居益御勇健敬賀之至に御坐候。陳者一昨年本会創設に付ては夙に其旨趣御協賛、貴地方会員募集上熱誠御誘導之結果、目下多数之会員を得候段、実に不容易御尽力之程、本会之為深感謝する処に御坐候。依而一応御挨拶申上度、尚前途益事業拡張之計画中に有之候条、有志者御勧奨方厚御依頼申上度、先は右御挨拶旁如此に御坐候。草々敬具

明治三十年四月十九日

大日本武徳会長　男爵山田信道

周布公平殿

〔註〕「封筒表」周布公平殿。「裏」大日本武徳会長、男爵山田信道〔印刷〕。

李家　隆介

1　明治（34）年（6）月18日

拝啓　御病勢不呰之趣、嘸御痛心之義御察申上候。扨昨日之師範学校一件は無事昨日帰校仕候由に有之候へとも、何分校規施〔ママ〕緩之有様有之、当分之間静穏に相帰し可申哉は如何哉と気遣申居候。昨日御下命之件をも校長は忽ちに之を遂行せず、反而昨夜は生徒之方講堂其他に於而衆合致居候由に而、校長よりの働がけは今朝より着手之由、昨夜遅くとも校長之方より進行候方、壮年者を挫くの方と存候へとも致方無之候。依而今朝も降屋県視学を師範学校へ今朝〔ママ〕差出置候。
昨日午前独公使答礼として貴官へ御訪問申上候。
昨日態々御注意之件は警察部も所属警察署長等之同意を得居候へとも、上月氏の発布と同時御才可を得度考に有之申候。
右不取敢申上候。早々
　今朝六時発車、逗子駅に於而奉迎申入候。
　　十八日　　　　隆介
　周布知事公閣下

〔註〕「封筒表」鎌倉長谷町平沼別邸、周布知事殿、親展。「裏」横浜伊勢町官舎、李家書記官。別紙渡辺玉子名

刺１枚附属。

２　明治（34）年６月25日

拝啓　過刻は欠礼仕候。扨彼の件は水野秘書官之同意も必要に御座候得共、何分郡治は地方局之専務に可有之候間、井上清野之両書記官、否な銓衡委員之賛成尤も必要に可有之候間、御用序に右両氏へも御交渉相願申上度、尚其形勢次第小生も明朝にても出張可仕候へとも、何分閣下御上京之義にも候へ者、敢而小官之出向は如何可有之候哉と懸念仕居候間、此義気付之儘申上度如此御座候。草々

六月廿五日　　　　　　　　　　　　　　隆介

周布明府閣下

追而本件は細事に可有之候へとも将来にも関係可仕候間、極力御交渉御成功願上候。或は大森長官にも渡りを付くる方可然、御考願上候。

〔註〕「封筒表」内務省、周布知事殿閣下、必親展。「裏」神奈川県庁、李家書記官。

３　明治（34）年（６）月29日

前略　本日午後五時半着浜之汽車に而御帰館之事伝承仕候間、右時刻迄他出延引停車場に於而御待受申居候処、折悪御尊影に接せす、遺憾此事に有之申候。

扨彼の外国人納税一条に就ては英領事の昨日マーテン氏に申入候に付、本日は支払可申事と存し居候処、

十一時になりても未た市役所に納入せぬ次第に有之候間、又英領事に何となく河田属を遣はし探り相掛け申候処、多分マーテン氏は本日支払可申事と相信居候旨申答候。続而マーテン氏宅へ河田を遣し候処、同氏は今朝出京候旨に有之候間、多分公使館へなりとも参り候ものか。兎に角明後日は多分支払可申哉と予想申居候。万一彼れ尚頑愚ならは其節は又何とか工風可仕候。

過日之「ハイテン」氏一件は御一覧之末如何か御考有之候哉、尚御訂削之上発送可仕義に候はゝ拙宅迄御申遣置を乞。

其他県庁は無事、只昨午後米国領事と共にペーレル号とか云ふ米国軍艦長「エドワルドギーン」なるもの来庁《テウ》、長官訪問之礼相陳居申候。而して滞在は来金曜日迄なる由なるも、御答礼は艦内掃除罷在候間御略し被下度旨申居候。

尚来月十四日之ペルリ建碑式に来会の米国軍艦隊司令官の故ヘルリ翁の孫に当る司令官来月十日に入港に付、東京人士に先ち第一に横浜有志者に於而右司令官一同を「オリエンタル」ホテルにて《(マ》かに於而《こ)》歓迎会相開申しては如何哉。発起人として閣下及大谷商業会議所長、市長、市会議長、市部県会議長の名義に於而、当港貿易上に関係ある者は勿論、重立ちたる有志《シ》之者に於而一宴会相催し候は如何と今朝大谷嘉兵衛来訪相談仕候。若し閣下御同意に候はゝ、右発起人に可相成人々を一応県庁に集め御一言相願旨申居候。如何之御高見に御座候哉、御指揮方拙宅迄御申遣置を乞。尚々委細の事御尋之為め御隣家の大谷氏御呼寄被下、直に御聞取被下候はゝ幸甚に奉存候。実は久振に一酌之為め神奈川町名古屋楼に於而一遊相試居申候に付、何卒御用之趣は御一筆拙宅へ御残被下度、尤も八九時頃には帰宅之考に有之申候。

右は停車場に於拝顔を得ざりし為、斯くの長文相認め御高見相伺申候。草々

廿九日　　隆介

周布様　侍史

4　明治34年8月24日

拝啓　別紙報告有之候間御供覧申入候。最早之に対し手を下す方法も考相尽申居候。其内考案相付次第御指揮相仰可申出候。草々

八月廿四日　　隆介

周布知事殿　閣下

〔別紙〕

秘小第九〇号

郡長不信認に関する件

本郡各町村長等去る十五日小田原町緑町旅人宿米庄方に集会し、郡長不信認の協議を為したるに、郡会にも交渉すへしとて席上五名〔割注：姓名は曩に電話にて報告致置候〕の交渉委員を選定し、夫々郡会に交渉中の趣予め報告致置候処、明廿四日は郡参事会員の召集日に当り各参事会員は当日総辞職をなし、

然る后更に日を追て郡会を開き、斯に於て郡長不信認の決議をなすとの趣き聞知致候条、不取敢此段及報告候也。

明治三十四年八月廿三日

小田原警察署長　警部加藤官吉〔印〕

警部長黒岩知新殿

〔註〕「封筒表」鎌倉郡鎌倉町材木座乱橋山下別荘、周布知事殿、御親展。「裏」李家書記官。別紙は小田原警察署用箋、欄外に李家・黒岩・高橋の捺印。

5　明治（　）年10月27日

拝啓　今朝は一寸御目に相掛り申度相考候処、御出発後に而甚御不礼仕候。扨七百円之試検場俸給は分析技師之年俸額に有之、分析之技術か出来相当之人物に而技師之位置に適恰之者に有之候はゝ可然御交渉被成下度、実に今に其技術者手に入らす閉口罷在候間、何卒御一考相願度、尤も分析術か真面目に出来きさる《〔ママ〕》時は予算之精神上不可然様奉存候。尚々来月四日昼頃に横浜女学校長か東京より名師を呼ひ、女子教育の講話を願ふと同時に知事閣下及大谷君之演舌も相願度との事に御座候。右は御応需可相成儀哉、先方へ返答之次第も有之候間、御意見御洩し被下度、右は不取敢用件のみ如此御座候。草々

十月廿七日　隆介

周布大人殿　侍史

〔註〕「封筒表」横浜伊勢山知事官邸、周布公平様、親展至急。「裏」李家隆〔介〕。

6　明治（　）年（　）月7日

拝啓　唯今バトン氏宅へ御出掛之旨、御使を以而御伝被下万謝此事に御座候。然るに本日も何分外出兼致《(マヽ)》候間、何卒閣下之御熟達之日に於而自然御伝授相願申度、尚今月末には老父も山口県へ当分出向申度申居候間、其留守中に於而フアブルランドの隣人令娘某と懇意と相成、パトン氏出発後と雖少しの稽古出来申度之考に有之候。如何哉、今夜にても同令娘と閣下も充分御懇意相成置被下候はゞ尚幸甚奉存候。右は不取敢御不沙汰御詫旁願用迄如此御座候。匆々

七日　　隆介

周布大人閣下

7　大正（2）年9月1日

残暑之候、爾来如何に御消息被遊候哉御案申上候。過日弥々御隠居と御決定、世人挙而御同情千万に相察罷在候。只此事にして不肖滞京中に聞付け不申事千秋之遺憾不堪候。爾来此問題之成行に付如何可有之哉此上にも憂慮に堪へす、段々相探り申候処、確かなる辺に於而閣下に御同情と世間より反而彼是評言可致義哉に心付かれ、此事件は此儘にて打過さすへくとの事に付、最早種々御配意に不及、何卒此上御痛心被遊候ては一層御体に御疲労を増可申候。御令息も御襲爵被遊、周布家之御家名には何にも影響無之慶賀不堪候。小生も閣下の御隠居被遊候以来全然後援者を失し、今後の処世法も一考可致様覚悟罷

在候。先つ〳〵此迄の御庇護に依り独立世活の維持には今は差支無之候付、御安神被下度候。此上は何時か周布家に報告可申功蹟ても挙け候事のみ苦慮罷在候。依而は御気付に依り何にも御用命も有之候はゝ、御腹蔵なく御寸報願上候。右は聞込之迄〔ママ〕御内報迄如此御座候。尚昨今御身体に御障等は無之候哉、何分の御一信鶴首相待申上候。草々頓首

九月一日　　隆介

周布大人閣下

〔註〕「封筒表」東京市麻布区笄町一八〇番地、周布公平殿、親展。「裏」長崎市立山町、李家隆介。年は消印、書留。

8　大正6年7月4日

謹啓　炎暑之候、益御清祥奉賀候。過日之御書状には又々御伏臥被遊候との事、御案申上候。何卒御老体之事にも候間御自愛是祈申候。御新築之御計画も放棄して御移転之適当なる御邸宅有之候事御喜申上候。小子も今尚家事整理をいたせす、日夜くず々々致居候段御憐察被下度候。永年多大之御庇護之下に漸く其位置を保持して、長崎県を打止めに退官候義は甚不甲斐なき次第、よろしく御宥免被下度、乍去其内にも外遊を遂け、其後民間事業之可然事なくは京地附近に於而田園生活之趣味を発煇相試度覚悟御座候。何卒閣下之御長寿被為在、小生之晩年状況も一粲に供せらるゝ様願はしく奉存候。度々之御病気は不可然に付、是非日夕之御静養一汐御留意願度、時々浜松之天野又は京都之李家等を御尋被下御保養

之具とせられ候様希望不堪候。右は時下御伺旁如此御坐候。奥様へもよろしく御伝声被下、閣下之御伏臥を御知らせなきは奥様へ御苦情申述存上候、呵々。草々頓首

大正六年七月四日　隆介

周布老大人閣下

〔註〕「封筒表」東京市麹町区富士見町二丁目弐番地、周布公平殿、親展。「裏」京都市河原町三条上ル、李家隆介。

9　大正6年7月23日

拝啓　炎暑如燃之候、老大人閣下始御一同様御安泰之程大賀此事に御坐候。御転居之御住居は御都合如何に御坐候哉、一度上京も致し親しく御左右相伺申度も存し候へとも、十分之機会を得す彼是打過居候段御海容願上候。一番町之御邸地等は如何に御処分相成申候哉、随分彼是御配意多き事と奉存候。今年は特に暑気厳しく、御病後之御老体には如何可有之御案申居候。何卒此上に御自重是祈申候。尚又小生に相副ひ候御用務有之候はゝ、御遠慮なく御申寄被下度願上候。乍序奥様始新夫婦様にもよろしく御致声是祈申候。草々頓首

大正六年七月二十三日　隆介

周布老大人閣下

〔註〕「封筒表」東京市麹町区富士見町弐丁目弐番地、周布公平殿、親展。「裏」京都市河原町通三条上ル、李家

隆介。

10　大正7年11月10日

寒気急に相進申候処、益御清穆奉賀候。さて京都之感冒流行とて御来遊御中止は甚遺憾千万奉存候。最も同病も下火と相成居り紅葉は次第紅化致来候間、御再考之上本月下旬御奮発相願申度、来年之約束は小生とて兼致《（マヽ）》候義に付、御心向きしたる時期こそ実行機会なりとす。呉々も御寸考相煩申度、奥様にも同様御致声希上候。草々頓首

大正七年十一月十日　隆介

周布老大人閣下

〔註〕「封筒表」東京市麹町区富士見町二ノ二、周布公平殿、親展。「裏」京都市河原町三条上ル、李家隆介。

伊藤 梅子

1 明治（41）年9月19日

拝啓 弥御多祥奉賀候。陳者過日京都婦人慈善会慈愛手芸女学校建築費之儀に付、時節柄御多端をも不顧主意書を以て御願申上置候処、追々時期差迫り整理上之都合も有之候に付、甚御催促ヶ間敷恐縮之至りに候得共不日御一報被下度、此段奉願候。敬具

九月十九日

伊藤梅子

周布男爵令夫人 御許に

〔註〕「封筒表」横浜市伊勢町、周布男爵令夫人。「裏」大磯、伊藤梅子、九月十九日。年は消印。

2 明治（44）年8月2日

昨日は御い〔そ〕かしき御中態々御尋被下、殊に何より之御品御恵贈被下難有御高礼申上候。乍例何の

風情なく御無礼申上候段平に御免し願上候。是より平素御無沙汰耳に打過居候処、いつも〳〵御尋を蒙り何とも申訳無之候。本日別便にて誠に御粗末之品御送り申上置候間御笑留願上候。乍末男爵様へもよろしく御伝への程御願申上候。先は御礼まで。草々

八月二日　　伊藤梅子

周布御奥様　御許に

〔註〕「封筒表」横浜市伊勢町、周布男爵令夫人、御許に。「裏」大磯、伊藤梅子、八月二日。年は消印。

小松宮嘉彰親王

1　明治14年4月2日

貴翰拝見致候。陳者明後四日士官学校に於而仏国公使え午餐御饗応に付、前十一時四十分迄に参校致候様之旨承知仕候。必参校可致候間此段御答迄如斯候也。

明治十四年四月二日

二品嘉彰親王

陸軍卿大山巌殿

追而御短書之旨承知仕候也。

〔註〕「封筒表」陸軍卿大山巌殿、其答。「裏」嘉彰親王。

野村　靖

1　明治（22）年4月20日

拝啓仕候。昨十九日当神戸におゐて伊藤伯へ面会仕り、御申含を蒙り候次第委細申述候処、此際土方宮内大臣を以
勅命有之候。旁併せて考慮之上御応答に可及段之相答、今朝に到り則ち左之通り被相答申候。

内閣三大臣より御示し有之候近況之事情、及各位御苦慮之次第委細致承知候。此度
勅命之旨に対し不日帰京可仕に付、御困難之際直ちに諸公之御意見をも承り可申、又は存付候廉をも陳述可仕候而赤心万一を補ひ可申候。然るに只々已に予め土方大臣より言上候様申述候通り、万一国務大臣之位置に任せらるゝ事有之候共此儀は断然御受不仕決意に候間、此段三大臣におゐても御含被下度候。
且又山県伯之陳情を此儘に致置候事は到底相叶間布存候間、其位置之始末は実に三大臣之内において御担任被成事適当之筋と存候。素より自分におゐては
帝室及邦家之為め赤心補翼〔ママ〕可仕覚悟に候間、此段予め申述置候。尚帰京後御面会之節御協議に可及候。

大略右之主意に而返答有之候。伊藤伯におゐて此際総理之位置に復するの念は実に断然無之、只々

叡慮を被為悩及諸公御苦慮に対し
帝室及邦家之為め深憂あるものゝ如く相察申候。此段厚く御注意奉願候。伯夫人病気旁出発は無拠三四日遅延に可相成候へ共、成べく速に帰京被致候含に御座候。右御報之為め如此候。敬具

四月二十日　靖拝

西郷伯閣下
松方伯閣下
山田伯閣下

〔註〕「封筒表」東京、伯爵西郷内務大臣殿、要用至急親展。神戸、野村靖。

本田 親雄

1　明治（　）年6月22日

一書拝啓　良久〔ママ〕不得芳意候処、益御安康被成御座大慶奉存候。

先度は御上京之由候処、其時分は茨城下県公開墾地へ四十日余滞在申訳にて承候。

照国神社一件に付は種々御尽力被下、御蔭にて纏り相附候趣に候。扨此般周布公平氏事、伊勢神苑会事件に付鹿児島其外九州遍歴被致候付ては、御地へ知己も無之、万事貴台え御とり図を得て宮崎地方へも巡回之目的之由、下拙よりも伝書いたし呉候様懇談に有之、就ては其主義等同人より委細御聞取被下度、宜敷御依頼申上候。

扨種々御話も申上度国家的事情も有之候処、何分短筆の及ふ処に無之、同氏は平常右辺親切に申承候間柄に付、猶御話も御聞取被下度願上候。此旨得貴意候也。

六月廿二日　　東京　親雄

かこしま　鵬北老台　侍史

〔註〕「封筒表」鹿児島、税所篤殿、親展。「裏」東京麻布ふしみ町、本田親雄。

第二部

周布公平日記

明治二十二年十月二十五日〜二十三年二月十一日

周布公平日記

〔明治二十二年十月〕廿五日
平田東助来話。

〔二十六日〕

過る廿六夜伊太利公使を訪ひ閑談す。

公使曰く、今回条〔約〕改正議につきては余は大隈に嘗て意見を呈出して曰く、各国委員を合同して日本の委員を外国に派して、何れの国の何れの都府を訪はす〔ママ〕或る外国の都府に集合して、談判を結ひ了はりて後初めて日本人民に知らしむべしと。各国委員を合同するは、英の如き大ひなる請求を為す国をして他の穏当なる多数国の説に従はしむるか為めなり。今回の談判は各国別にて為したる為めに、英は他に忌憚する所なきを以て自分一己の我儘を言募るなり。

又外国に於て談判を為すは国人をして其機密を知らしめす、以て内地の議論を防くに必要なり。今回の如き之を内地に於て為すために逆に混雑今回の如きに至りたるなり。

右の説は初め大隈伯に忠告したれとも遂に行はれざりき。

又曰く、日本反対論者の説く所は、凡外国法官任用論に付ては最もなり。何となれは何れの国を訪《〔ママ〕》はす独立国にありて外人の裁判を受くることはなき筈なり。彼の土地を外国人に売ることを嫌ふは無識者の恐過きに過きす。何となれは八朱にも壱割にも金か廻はれは外人か資本を抛ちて日本の土地を買ふかも知れされとも、四五朱の利益にては欧洲に於て資本を利用する方安全なれはなり。

又曰く、日本も穏便に今後二十年を経過するときは大に著るき進歩を見るへし。唯恐る、政治志想の過激に流れ、為めに国の進歩を妨けんことを。

公使より村正の刀鑑定、并高橋妙発明せしと云ふイオヲの精製法の聞合せを依託せらる。

〔欄外〕赤坂八百勘にて大津会を催せり。

廿七日

朝井上毅を訪ひ昨夜伊公使の説を伝ふ。杉を訪ふ。

明治二十二年十月二十八日　曜日《〔ママ〕》　晴、暖

児兼道を連れ上野浅草散歩。上野にて府下各小学校出品展覧会を観る。

夜岡本武三郎来話。

〔欄外〕畳屋大久来る。

机を買ふ。

廿九日　陰、寒
朝杉翁を訪ふ。
〔欄外〕畳屋来る。

三十日
朝山田大臣を訪ひ談話。
大臣曰く、条約改正延期のこと未た決せすと雖も問題左の如し。
第一　宣告書撤去のこと
第二　治外法権の存する間は土地所有権を外人に与へさること
第三　独逸条約中に魯条約の如く法律規程に従ひ土地所有権を得るとすること、但し独条約中には法律の規程に従ひの文字なきを以てなり
第四　期限延引のこと、但中止中の分は談判中止のこと

十月三十一日　晴
朝山県大臣を訪ふ。不在。夕六時前再訪、面会。当世の務を聞く。大臣曰く、実に容易ならさる事を仕出したるものなり、実に目途未た立たざるに、身先つ斃れんと欲すと。又曰く、徳義上我等はやらなけ

ればならぬ様なり居るに、誠に困却せりと。
○地方転任の事、今朝も芳川に談置きたるを内告せらる。外交に慣れ居れば開港場可然由申置けりと。
○目下外務に用なきを以て、法制に転任して時機を待つことに談合せり。

〔十一月〕一日
朝井上毅を訪ふ。路にて逢ふ。法制転任の事談合す。
青木を訪ふ。右談合の旨を述ぶ。青木甚不賛成なるを以て其事を止む。
法制局に出頭、諸部長并内局を巡遊す。蓋し旧同僚なれはなり。
山田大臣に過きて一書を残す。
山県大臣に投書して法制転任見合のことを通す。

二日　晴
晩刻より杉を訪ひ星ヶ岡茶寮にて晩食を為す。

在仏杉竹二郎に投書、忠告する所あり。

朝吉川〔ママ〕顕正を訪ふ。地方転任の事につき山陽東海の内を内望する旨を通し置く。

青木に投書、昨日の忠告を用ふる段を告謝す。

三日　陰、寒
天長節につき参賀。

四日

五日　雨

六日　晴、昨夜雨
招魂祭につき子供等を参拝せしむ。先公の霊あるを以て神官特に政平、兼道を奥の神殿に誘ひ御拝を為さしむと云ふ。余も午後参詣せり。

七日　晴
亡金女九年回忌につき青松寺長老を招き読経を捧く。
朝大越領事訪ひ杉竹の事を依頼せり。
午後宍戸翁来り、囲碁。
午後五時比千代子吐嘔、夜分頗る不快なり。

八日　晴

晩刻杉を訪ふ。竹二郎の事につき相談を為し、余より大越盛徳に委任状様の書翰を送る。大越は現時帰朝中、築地精養軒にあり。来る十六日発足、仏国里昂に帰る筈。

千代子甚不快なり。

九日　晴、朝雨

午時外務省人事課より左の辞令書を送達せり。由て外務に出頭するも半休日につき退省後なれは、青木次官宅に名刺を投して帰宅す。

　在羅馬公使館在勤ヲ免ス

　　十一月八日

兼任外務省参事官

　同日

叙奏任官壱等

　同日

上級俸下賜

　同日

千代子夜に入りて安眠、吐止み下痢起る。

二十二年十一月十日　晴　日曜日
午後内藤安宅方に到り帰路髪店に過く。
千代子吐嘔止む。下痢も午後少しく固結す。全体昨日よりは快方なり。

十一日　晴　月曜日
外務に出勤。

十二日　晴

十三日　晴
高山紀成に到り前歯二本金を以て填塞す。〇外務出勤。

十四日　晴
外務出勤。
県会議員山県良蔵来訪。
夜馬屋原の親来話す。

十五日　晴
十六日　晴　土曜日
午後外務に出勤。
高島張輔に到り先大人の書数紙を見る。蓋高島良岱翁と知友なりしを以て詩会を催ふせし時に認めたるものなり。
妻君及ひ舎弟□□在野閑酌移時
十七日　晴天　日曜日
朝杉を訪ふ。
伊藤公高輪邸売払の事を杉兄に委託せらる。杉氏他日帰京の節差支へあるへきを以て之を留むと雖も、決て差支なし、万一帰京せさるを得さるときは官邸に住居すれは事足るを以て、是非売払骨折申出の事の由。
午後兼道を伴ひ団子坂の菊を見物す。
十八日　陰天

為妻西洋日笠壱本買得、又自分手袋足袋を求む。
築地精養軒の懇親会に出席す。
木村正幹事甲子京摂間殉難諸士の石碑建設義捐金募集するを以て金弐円差出す約を為す。

十九日　風雨
本日赤坂離宮に於て観菊会御催につき、微臣夫婦も陪席を楽ふするの宮内大臣招待を受けたる所、雨天の為め止む。遺憾々々。
夕刻笠原半九郎を訪ひ閑話。

廿日

〔22年11月21日～12月22日　欠〕

二十二年十二月廿三日
井上伯。

公私日載

二十二年十二月

廿六日

午後七時左の通辞令書相達す。

公使館参事官兼外務省参事官従五位周布公平

任内閣書記官長

明治二十二年十二月廿六日

内閣総理大臣従二位勲一等伯爵山県有朋奉

内閣書記官長従五位周布公平

叙勅任官二等賜下給俸〔ママ〕

明治二十二年十二月廿六日

内閣総理大臣従二位勲壱等伯爵山県有朋

二十二年十二月二十六日

早朝山県総理大臣より騎使来る。直に其官邸に訪。大臣より、兼而地方官に転任之都合に致置候得共、内閣書記官長其人なきを以て相勤呉べくとの事被申聞候。

夜七時内閣書記官より辞令書二通を送達す。但通例は前日に呼出状到達、翌日内閣出頭の上奉命すへきの例規なるに、今般は至急を要する場合ゆえ斯く取計ひたるなり。

拝命直に山県総理大臣へ御礼に罷越す。野村枢密顧問官、小松原新埼玉県令在席、食事終りなり。暫く相咄し野村氏去る。席を転し又長談、坐に小松原、清浦、并朝比奈と申す東京新報記者あり。

二十七日

早出、杉翁を訪ひ吹聴す。賞勲局書記官横田香苗を訪問、本日叙勲の呼出状を受居候処、昨日勅任に転候に付而は従前奏任の場合と御待遇相違候間、今日の叙勲如何可有之哉と談候処、誠に尤に存し、已に如何可相成ものかと自分も考中ゆえ本日は出頭無之方可然、万事拙者可取計との事に付委細相頼置く。

山田司法大臣に過く。在床ゆえ名刺を投す。

一応帰宅、直に内閣に出頭、前書記官長小牧昌業氏より事務を受嗣く。本日は歳末につき押印書類夥多、薄暮に及び帰宅。

夜青木外務大臣を訪ふ。井上伯在席、長話。○総理大臣に過訪、御用なし、帰宿。

留守中杉翁其外知己来賀の客有之し由。

廿八日

○朝井上伯を訪ふ。被撰権を有するに足るへき土地のこと、亡大人石碑のこと、大隈より黒田え談せし元老院のことを咄す。伯本日出立、京摂より山口地方に向ふ。

○松方、榎本、大山三大臣に名刺を投す。

○内閣出頭、御用仕舞につき多忙。四時比下宿。
○山和金次郎方にて大礼服を試む。

〔12月26日～28日の記事重複〕

明治二十二年十二月廿六日　木曜日
早朝山県総理大臣の来使あり、余を招く。直に大臣の官邸に到り面話候処、内閣書記官長に任せらるゝの内命あり。
晩七時過内閣書記官より辞令書を送達す。

任内閣書記官長
　　公使館参事官兼外務省参事官周布公平
　明治二十二年十二月廿六日

叙勅任官二等賜下給〔ママ〕俸
　　内閣書記官長周布公平
　明治二十二年十二月廿六日

夜山県総理大臣邸に御礼に罷越御用の筋承合せ候事。

廿七日　金
内閣出勤。
歳末且つ改革の際につき公用頗る多事なり。

廿八日　土
内閣出勤。

廿九日　日

三十日　月

三十一日　火

明治二十三年一月一日　水
午前十時妻同伴　御所参内、親任官、公爵、勅任官等一同
両陛下ゑ拝賀被仰付、続て
皇太皇后陛下ゑ参賀。皇太子殿下ゑ参賀。但男子に限り拝謁被仰付。

午後妻同伴毛利公、山県総理大臣、杉子、山田司法大臣ゑ廻礼、其数軒名刺を投せり。

二日　木

三日　金

四日　土
出勤。
御政事始めに付
天皇陛下臨御。

五日　日　日曜

六日　月
宮中に於て新年宴会被催候に付御案内を蒙り御宴に陪席、御酒肴頂戴せり。但し午前十時四十分参内、着席は十一時比なりき。

七日　火

八日　水

九日　木

十日　金

出勤。

十一日　土

出勤。

岩崎先大人十年忌日につき妻其他谷中に墓参、岩崎に到る。

十二日　日　日曜、暖

侯爵徳川房子殿羅馬公使館より帰着相成候に付、朝八時の汽車にて妻を伴ひ横浜迄迎ひに罷越、西村屋にて暫時待受、十一時前仏船の着を見て余は本船まて、妻は波戸場まて迎へ、同車にて帰京せり。豊田芙雄子、野村豹も同伴帰京せり。何れも先年羅馬え同行せし水戸侯の旧臣なり。

十三日　月

十四日　火

十五日　水

十六日　木

出勤。

朝柏村信を第十五銀行に訪ふ。私用談あり。

十七日　金

出勤。

臨御。

十八日　土

内閣出勤。

朝総理大臣邸に到り内閣出勤。十時五十分の汽車にて発足、横浜にて私用を達し、小田原を経湯河原に到り、同地滞在法制局長官井上毅を尋ね訪ふ。路江の浦より暗夜となる。頗る寒を覚ふ。井上氏富士屋に宿す。同宿、談話移レ時。

十九日　日　寒

井上法制局長官と官制通則改正条項を調査せり。

廿日　月　暖

朝湯河原を出立、小田原にて伊藤伯を訪ひ、伯宅にて午飯を喫し帰京。西洋軒の懇信頼母子会に過き晩餐を為し、総理大臣邸に過き多田書記官を訪ひ帰宅す。時に九時比なりき。

叙位の辞令相下りしに付谷森内閣書記官代受を為し、夜宅え送達せり。

　　叙従四位

　　　　　　従五位周布公平

　　　明治二十三年一月十六日

　　　　　　宮内大臣土方久元奉

廿一日　火

内閣出勤。
臨御。

廿二日　水
内閣出勤。
朝総理大臣邸に到る。
午後毛利正二位公御夫婦来訪有之候に付茶菓を供せり。母上も拝謁相成候て御喜び被成候事。

廿三日　木

廿四日　金

廿五日　土

廿六日　日

廿七日　月

廿八日　火

廿九日　水
出勤。
鹿鳴館に於て山県伯夫婦主人にて大夜会あり、会者八百人許。但案内を発せしこと千四百許なり。家内同伴参席、接待手伝を為し一時半過帰宅す。

三十日　木

三十一日　金
出勤。

二月一日　土　晴
出勤。
午後内藤夫婦、平松夫婦、桂夫婦、中所夫婦、室本開之助、同老母、飯田夫婦、同部屋を招き飲す。岩崎母君は不快にて不参。

二日　日　晴

柏村信を訪ふ。

毛利公を訪問、公并奥様に拝謁の上元昭公の為め旧臣中より五六人を撰抜して御相談役を嘱託相成可然旨建言せり。公は御出掛につき御気急きゆえ微意御了解半途なりしも、奥様は充分御了解相成候而公へも御相談可相成旨被仰聞、仍ほ此儀は家令柏村へも相咄し置くへきとの事ゆえ、柏村へも篤と申談ぜり。

三日　月

出勤。

夜杉氏に於て西某薩摩〔琵〕琶を弾す。参席す。山口県警部長某、宮島誠一〔郎〕、山本徳十其他両三名同席なり。

四日　火

五日　水　晴

出勤。

西郷海軍大臣邸に於て夜会被催家内同伴参席。一時過帰宅。会者三四百人。

六日　木
出勤。
柏村を華族銀行に訪ふ。面談。

七日　金
出勤。

八日　土曜　雨天、頗る暖かなり
出勤。
夜家内同道男爵岩倉具経方に招かる。花房宮中顧問官夫婦、長崎省吾夫婦、故森有礼の未亡人、花房直吉同席。

九日　日曜　寒天、雨天少雪
午後平松与一郎来話。
夜平松鯨組に招かる。脇間田、石井和歌山県知事、進十六、三浦芳介同席なり。

十日　月曜　寒天
出勤。
朝杉を訪ふ。
夜外務大臣秘書官赤羽四郎覚書を持参す。但条約改正の件なり。
貞子不快の為め岩佐先生を招請せり。

十一日　火曜　紀元節　午後大雪
寒天。午前九時四十分　賢所参集。
十時　陛下参拝、続て百官御拝。
十一時宮中に於て御宴会被開候に付御招請を受け参列す。
朝総理大臣邸に過く。
宍戸翁来話。
岩佐先生貞子を来診せり。
夜九時より宮中に於て　両陛下舞楽御催有之、百官陪覧被仰付候に付家内同伴参内。

【解説】周布公平——人物と史料——

早稲田大学文学学術院非常勤講師
松田　好史

本書は、長州藩出身の藩閥官僚で、内閣書記官長（第一次山県内閣）、貴族院勅選議員、兵庫県知事、行政裁判所長官、神奈川県知事、枢密顧問官等を歴任した男爵周布公平（嘉永三～大正一〇年）の関係文書から、主要なものを選択して収録したものである。

一、周布公平について

周布は嘉永三年一二月六日（一八五一年一月七日）、長州藩の重臣周布政之助の次男として萩城下の川添中ノ町に生まれた*1。幼名は金槌と称した。母は粟屋半右衛門の長女幸子―戸籍ではサイとなっている―である。

周布は六歳で父から孝経を学び、次いで一一、二歳まで岡本権九郎の塾で漢学と習字を学んでいたが、藩庁の移転に伴い文久三年に山口へ移住した後は藩校の講習堂―のちに明倫館と改称する―に学んだ。

これより前、藩士の土着を主張した政之助の指示により、周布家は萩城下から大津郡三隅村浅田―同地は周布家の故地であるという―に一時移転している。この時江戸出府中の政之助に代って三隅への移転を差配したのが従兄の杉孫七郎である。杉とは両者の晩年に至るまで親密な交際が続いており、本書に収録した杉の書翰からもその一端を窺うことが出来る。

元治元年八月の下関戦争に際しては藩主世子元徳の警衛隊に選ばれたが、下関到着前に講和が成立したため実戦を経験するには至らなかった。この下関戦争と、前年八月の蛤御門の変における長州藩の敗北の責任を負って、九月二六日に父政之助が自刃した。政之助は前年に山内容堂とのいざこざから麻田公輔と改名し、公平が周布家を相続―兄克明は遠戚に当る繁沢家の養子となっていた―していたが、ここに名実ともに公平が周布家の当主となった訳である。

慶応二年の第二次幕長戦争では第三大隊第一中隊の小隊長として芸州方面に出陣、廿日市附近の戦闘では後詰めを務めている。その後腸チフスに罹ったため藩兵の京都進出には同行せず、三隅で病後の療養に専念しつつ維新を迎えた。

その後、洋学を志した周布は明治元年九月上京、木戸孝允の紹介で神戸に行き*2、兵庫県知事伊藤博文の世話で米国人ビキローから英学を、箕作麟祥から仏学を学んだ。翌二年春には東京に移り、大村益次郎の勧めで横浜の語学所―周布は陸軍幼年学校と云っている―に入学した。ところが、大村の死後、同校の大阪移転時に改めて身体検査が行われた結果、周布は既往症を理由に退校となったのである。尤も、これは同校の教育に飽き足らなかった周布自身の希望による処置であったという。

その後木戸・杉・広沢真臣・野村素介等の斡旋により、藩からフランスでの政治学修学を命ぜられた周布は、明治四年二月、馬屋原二郎・河野光太郎と共に米英経由でベルギーに渡り、外務次官ランヘルモンの世話でブリュッセルのアテネー・ロワイヤル校に学んだ。この間廃藩置県により藩費留学から文部省の留学生となっていたが、明治七年にこれを免ぜられたため英国に移り、スコットランド留学中に病気となった兄繁沢昌三郎を看護しつつ英国の歴史や法律を研究している。

周布は明治九年一月に繁沢と共に帰朝し、五月に司法権少丞に就任、ボアソナードの著述の翻訳等に従事してしたが同年末の官制改革で廃官となった。そこで宮内省等から翻訳の依頼を請負う一方で「ベルギーの地理、風土、人情等より国体、歴史等に至る迄其概略を記るして上中下三冊となし」た『白耳義国志』を刊行している。その狙いは、「ベルギーは至つて小国であるけれとも無形的、物質的の文明は英、仏、独等の大国に劣らさるのみならす、中には優つて居る事柄も多々あるに依つて、我国の手本となすには大国よりは却つて此文明小国の制度文物を手本とする方か能く解かり易くて直接であつて宜しい」という所にあった。周布はこの本について、「一時は各書林に配布して大分知友其他世間に拡がつた」としている*3。

その後、明治一一年の夏に法制局御用掛に採用、次いで少書記官に任命され、更に参事院議官補に転じて井上毅・尾崎三良・静間健助・古沢滋・股野琢・山崎直胤等と共に、欧州の制度を下敷きとした「新制度の調査・起草・制定等」に当ることになった。この人事は、当時法制局長官であった伊藤博文との関係による所が大きいと思われるが、他方で『白耳義国志』によって周布の欧州通、制度通振りが評価されたと見ることも出来よう。周布によれば、上述の同僚たちは「皆学問もあつて文才もあり敏腕の人で」、また法制局・参事院が合議制を採っていたために「屡々会議を催ふして討論縦横湧くが如く、頗る意気か盛てあつた」という。この間、一一年に岩崎衛生の長女貞子と結婚し、一五年三月には長男兼道が生まれている。

法制局における周布の最大の業績は会社法の編纂である。商法編纂委員長となった彼は、商法は大部のもので編纂に事日を要するので、特に緊急性が高いと認められた会社法を優先して立案した。ところが編纂が完了、元老院の審査も通過したところで一転、「商法全部を同時に発表するか然るへし」ということになり、寺島宗則を長とした大がかりな委員会が設置されて、周布もそこに加わることとなった。そのため、既に完成していた会社法もこれに巻込まれ、帝国議会開設後の商法延期論争も相俟って明治二五年までお蔵入りすることとなってしまったのである。周布は「政府の仕事をするには余り完全を望むと云ふと却つて時期の遅くれることがあるからして、必要なる事柄は纏つたならは一つ〳〵ても速かに決行した方は行政上の得策てあると云ふことを深く感じた」と述べており、これが「制令周ク布ク」＊4と評された彼の以後の仕事師振りの背景となったと考えられる。

明治一六年には巡察使関口隆吉に随行して関東・東海・北陸地方を巡察した。この時、地元の要望を周布が復命書に盛込んだ結果、栃木県庁が宇都宮に移転することになったという。また、一八年には万国商事会議副委員としてロエスレルと共にベルギーに出張、手形法の標準化に従事し、帰朝後は法制局の部長として財産登記法や戸籍法の制定に当り、元老院における政府原案の説明等もしばしば担当している。

周布はベルギー出張中に欧米事情に関する研究の深化の必要を痛感し、留学を望んだが政府の許可を得られなかった。そこで彼は外交官への転身を希望し、明治二〇年、井上馨外相による人事異動に際して駐伊公使館の参事官となることに成功した。同国においては徳川篤敬公使の下で条約改正に関するイタリア政府の意向を探ったり、渡辺昇会計検査院長・山県有朋内相・樺山資紀海相等訪伊する要人の調査に便宜を図ったりする傍ら、トリノの砲兵工廠を見学したり、ベネチアに旅行して天正少年使節の墓所に参詣したりもしている。また、二一年七月に長女千代子が誕生したのも在伊中、ローマの公使館においてであった。

母幸子危篤─その後恢復した─の報により二二年夏に帰朝した周布は、地方官への転任を考慮する様になり、山県内相・芳川顕正内務次官・青木周蔵外務次官・井上毅法制局長官等と相談を重ねていた。周布は「山陽東海の内を内望」し、山県は「外交に慣れ居れば開港場可然」との考えであった*5。ところが、大隈条約改正の頓挫を承けて首相に就任した山県は、内閣書記官長の人選に苦慮した挙げ句周布に白羽の矢を立てるに至った。四〇歳にして勅任官昇進である。周布はこの人事によって、桂太郎・白根専一・曾根荒助と並び、「長藩後進者中の先輩」たる品川弥二郎・野村靖の両子爵を追う地位に立ったと評されている*6。

当時、帝国議会開設を翌年に控えて各種制度の整備が焦眉の急であったから、法制官僚の経験を有する周布の起用がこれを念頭に置いた人事であったことは明らかである。彼は官制調査委員長として、内閣官制・各省官制通則等の諸制度の改正を議会開会に間に合わせたほか、元老院の廃止と議官の処遇、貴族院勅選議員の選考等にも参画しており、勅選議員を当初は厳選して逐次追加する方針は、周布の建言が容れられたものであるという。周布自身も法律の知識を買われて初回の勅選議員に加えられた。

二三年末に招集された第一議会の焦点は、予算の成否と商法延期問題であった。貴族院議員として商法延期反対を主張した周布は、延期決定後に山田顕義法相の辞意撤回に尽力したことを特筆する一方、予算に関しては白根内務次官・渡辺国武大蔵次官・曾根衆議院書記官長が主に議会対策に当っていたとしている。これは予算問題の主戦場が衆議院にあったためであろう。また、議会中に陸奥宗光農商務相と衝突して葉山へ籠居した井上法制局長官の引出しにも当っている。周布は法制局第二部長平田東助と共に山田・井上の慰留に務めていたのであるが、二三年秋に周布が腸チフスで職務を離脱した際、臨時内閣書記官長心得として事務を代行したのも平田であった。また、同局第一部長尾崎三良の日記からも、尾崎が周布・井上・平田と頻々と連絡を取り合っており、法制局出身の周布を書記官長に起用したことで内閣本府全体が一体的に機能している様子が窺われる*7。

二四年四月に山県内閣が退陣すると、周布は後継首班松方正義からの留任要請を断り、外務次官となった林董の後を承けて兵庫県知事に転出した（六月一五日発令）。書記官長就任以前に希望していた地方官であり、山県が「外交に慣れ居れば」と推奨していた、開港場神戸を抱える任地である。なお、五月一一日には大津事件が発生したので、未だ書記官長の職に居残っていた周布は対応に追われた模様である。

周布の知事就任と前後して、兵庫県下では明治二四年に播磨沿岸を海嘯が襲い、二五年には県内各地で大水害、二六年にも県下で水害が発生した。国庫補助の方針は復旧程度というものであったところ、周布は井上馨内相・古市公威土木局長に働きかけて淡河川疎水・赤穂川等の「永久に堅牢なる」改修工事を実現させた。また、六甲山系から流出する武庫川等の砂防工事にも着手している。更に、神戸港整備事業の一環としての湊川の附替えと兵庫運河の開削については、民間資本の導入によって工事開始に漕着けている。

林の前任者内海忠勝知事時代からの懸案となっていた県庁舎の建替えについては、「開港場の美観となるべき」「石煉瓦造りにして丈夫なる建築」を企図しつつも、県会議員の間に新築の機運が生ずるのを待ったために二八年暮の予算案提出となった。ところが、自由党系議員が過早に賛意を表した為に進歩党系議員が反対論に転じてしまい、結局一年延期ということになって周布の任期中の議決は成らなかった。しかし、三四年には後任の服部一三知事の下で周布案を踏襲した県庁舎が完成し、内海内相と共に周布も完成式典に招かれたのであった。

教育面では初等教育のみならず中等教育の拡充に力を入れ、神戸・豊岡・柏原・洲本・竜野に中学校を、明石に兵庫県簡易農学校を設置した。また県内各地に農事試験場を開設し、農学校との連携による農業技術の向上を図っている。

その他、県下における赤十字社の拡充—周布はこれによって府県知事で初めて赤十字有功章を贈られたという—、生田神社・長田神社・海神社の社格の昇格等にも尽力している。

当時の兵庫県政界は、旧播磨と神戸市で進歩党、摂津・丹波・淡路・但馬では自由党が強く、全体としては勢力がほぼ均衡していた。周布は知事として一派、また一地方に偏しない県政を心がけたことで上述の様な治績を挙げることが出来たとしており、『兵庫県人物伝』でも、「敢て自由に媚びず、敢て進歩に阿らず、事を成す再思三考、意見已に定まる復世論の囂々たるに曲けず、事成りて後人始めて其識見の高き服す」と評されている*8。もっとも、一方では明治二五年の第二回総選挙に際して品川弥二郎内相の指示の下に選挙干渉を断行しており、その影響で一時は民党系が多数を占める県会との関係が険悪となったこともあった模様である*9。

周布は三〇年四月、樺山資紀内相による人事異動―周布はこれを「政党社《ママ》流の歓心を買ふ為め」に「種々なる分子の遽知事を拵へた」と評している―で非職となり兵庫県を去ったが、同年一二月には箕作麟祥の死去を承けて行政裁判所長官となった。この人事については、井上馨の女婿都筑馨六が無任所公使に起用されたのと並んで、危機に陥りつつあった松方内閣が長派の歓心を買うために抜擢したものであるという観測もあり、実際、山県等長州系の推挙があったことは事実の様である*10。しかし、周布は内閣書記官長時代に行政裁判所の設置に関与しており、その業務は「始めより能く承知して居」たので、適材適所を期した登用であると見た方が適当であろう。更に、行政裁判所の地位向上を目的とした彼の建言が容れられたことにより、三一年七月には周布が親任官待遇、評定官の多くも勅任官となっている。

もっとも、周布によればこの役職は「誠に退屈なる仕事で行政官の如き活動して面面《ママ》味のある仕事てはない。誠に乾いた趣味のない仕事であ」り、就任も「格別の望で無かつた」という。そこへ隈板内閣への反感も相俟って、「専ら貴族院に於て国事に尽すことを考へ」、三一年一一月に辞職に至ったのである。退任に際しては錦鶏間祗候を仰付られている。

ここで貴族院における周布の活動について触れて置きたい。彼は明治二三年の第一議会から明治四五年の第二八議会の途中まで、二十余年にわたり貴族院議員を務めた。院内では官僚系の会派である茶話会に所属しており、茶話会と無所属派その他の諸会派の提携のために設置された幸倶楽部では、明治三二年一二月の創立から三四年一月まで幹事を、また創立から明治四〇年一月まで評議員を務め、同会の規約の起草も担当している*11。

院内では、内閣書記官長・県知事在官中は進行に関わる本会議での発言等が中心であるが、行政裁判所長官から議員専任時代にかけては本会議・委員会双方において活発に発言しており、特に第一三議会（明治三一年一二月三日〜三二年三月九日）における海港検疫法案特別委員会では、検疫の実際を知る開港場の元知事として外国軍艦の扱いや該当伝染病の種類、また強制力や罰則等につき詳細な質問をなし、行政裁判法中改正法律案外一件特別委員会でも前長官としての知識を活かして委員長を務めている。神奈川県知事就任後は本会議中心の活動に復した様であるが、第二七議会（明治四三年一二月二三日〜四四年三月二二日）の市制改正法律案外二件特別委員会で委員を務めているのは、地方長官兼任の議員ならではといえよう*12。

明治三三年六月、周布は神奈川県知事に任命された。兵庫県知事の時と同様、前任者浅田徳則の外務次官転出を承けての人事であり、ここに、明治期における開港場が外交官と地方官の接点となっていたことが知られるのである。

周布の知事就任時における神奈川県政の喫緊の課題は、横浜市域の拡張、港湾改良、内外人倶楽部設置の三点であった。

横浜市を囲む町村は横浜の発展に伴って人口が増加していたが、インフラの整備等で市域との格差が生じていたため、衛生・治安の観点からも市への統合が必要であった。周布は就任後直ちに神奈川・本牧・根岸・南太田等の町村の横浜市編入に着手し、翌三四年四月には早くも一部の実現を見た。在任末期である四四年には第二次の市域拡張も実施されている。

当時の横浜港は貿易規模に比し狭小で、かつ大型船舶の運用に制約があったが、国庫補助も得て二千万円近い予算を計上し、一万トン級の大型船が接岸可能な岸壁が整備される等の成果が挙った。

また、内外人倶楽部は条約改正に基づく内地雑居の解禁を受けて、外国人との交際を密にすることで貿易を振興すること、及び外国人を含む倶楽部に参加させることで党派性の発揮を抑止し、横浜政財界における内国人同士の反目を緩和することも狙いであった。これは三八年四月に「横浜社交倶楽部」として発足、知事を会長とし各国領事や諸官衙の長官、また市政財界の重鎮等の参加を見て市政の平和と公益の増進に寄与した。

文教政策では女子師範学校や前知事から引継いだ小田原・厚木両中学の開設を見たほか、高等小学校での実業教育の充実に意を注いだ。また、産業政策の面では遠洋漁業の拡充、植林の推進、果樹栽培や畜産の奨励等に加え、箱根の温泉地や相模湾の海水浴場を中心とした観光振興の重要性にも着目していた様である。これらの分野は日露戦後における地方改良運動の全国的展開に併せて一層注力された。

これらの施策を推進するに当り、神奈川県においては以前から市会議員と郡会議員、県庁と県会、また県会の内部にも軋轢があったのであるが、周布は県会議長朝田又七郎、同議員岡部芳太郎や李家隆介県書記官等と協力して郡市における負担と受益の均衡を図り、県政界の対立緩和に成功した。

この外、周布は県知事として明治三五年の小田原大海嘯や三七、八年の日露戦争にも対処している。就中後者においては、講和反対の群衆が暴徒化したため陸軍部隊の応援を仰いで鎮圧したが、東京と違い警察当局が自重を旨として行動したため、事後における市民の評判は上々であったという。

周布は明治三九年四月に勲一等旭日大綬章を受章、四一年五月には公平自身及び父政之助の勲功により男爵に叙せられた。明治四五年一月には枢密顧問官に親任され―神奈川県知事は在任一一年六ヶ月の長きにわたった―ている。周布は以前から顧問官の地位を希望していたらしく、桂太郎は発表に先だち、「賢兄予而御希望枢府御転任之件上奏裁可被成居候」と知らせてきている*13。当時内相だった原敬は、「以前は枢密顧問官は多く内閣員たりし者のみなりしが、近年は船越衛の如き松平正直の如き、知事已上の経歴もなき者が任命せらるゝ様になりたれは、周布の任命も怪むに足らされども、此等の任命は悉く山県の意に出つるものにて、山県は其近親又は児分にあらされは入れず、枢密院は全く山県系のものとなり居る」云々と、山県の党派的人事であると見ているが*14、行政経験のみならず法制の知識も豊富な周布の枢密院入りを派閥の観点のみで評するのは些か不当に失するといわざるを得ないであろう。

顧問官としての周布は、第二次西園寺内閣が提出した衆議院議員選挙法改正案の審査委員を務めた外、大正改元を決定した会議にも出席している。

大正二年八月に辞職・隠居した周布は、同一〇年二月一五日、牛込区南寺町の自宅で流行感冒のため死去した。享年七〇であった*15。

二、「周布公平文書」について

周布家の史料については、従来山口県文書館に所蔵されているものが知られているが、これは政之助に関するものが中心で公平関係のものは少量であった。平成二五年の夏に筆者を含むグループが公平の嫡孫である故公兼・綾子夫妻の旧宅（逗子市）を調査したところ、約一千点―この外に写真数百点が存在する―の史料が発見された。そこで現所蔵者である兼定氏の承諾を得て、国会図書館憲政資料室へ、更に一部を尚友倶楽部へ搬入し仮整理を行った。

本史料は公平に関するものが中心で、嗣子兼道及び孫吉兼に関するものも若干含まれる。公平の辞令類がほぼ完全に揃っている外、山県有朋・伊藤博文等からの来翰約一五〇通や日記・覚書類約三〇冊―但し短期間で中絶しているものが多い―、兵庫・神奈川両県の行政文書、それに親族間書翰や家政関係の文書等が含まれている。神奈川県の行政関係では知事招待による午餐会・晩餐会や地方官会議の書類綴、済生会関係、警察関係の書類等がある。写真の大半は兼道・公兼の時代のものであるが、公平の肖像や長州閥関係、また神奈川県知事時代の公式行事に関するものも幾分か含まれている（口絵参照）。これらの「周布公平文書」は本書の刊行後、憲政資料室において再整理の上公開される予定である。

三、本書収録の史料について—書翰の部—

本書には、前述の「周布公平文書」のうち、主要な人物四一名の書翰一三一通（公平宛以外の書翰六通を含む）と、内閣書記官長就任の前後である明治二二年一〇月二五日から二三年二月一一日までの日記を収録した。

来翰のうち四八通と三分の一を超える山県有朋書翰が最多で、杉孫七郎の一三通、李家隆介の一〇通、平塚広義の五通がこれに次ぎ、伊藤博文・同梅子—これは貞子夫人宛である—・井上毅・桂太郎・児玉少介・西園寺公望・宍戸璣・品川弥二郎・原嘉道等も数点づつ含まれている。これらを周布の差出書翰と対比した場合、長州系が多いのは発翰・来翰に共通しているが、周布からの発翰が比較的多く残っている井上馨・大木喬任からの来翰が全くない一方で、周布の発翰が確認されていない山県から五〇通近い来翰が含まれており、総数がそれほど多くないこともあってかなり偏った構成となっている。この残存状況が転居や災害*16によるものなのか、それとも周布自身または遺族の選択—これらの書翰のかなりの部分が「知友書翰」「山県惣理大臣書翰」「伊藤博文公夫妻書翰」等と表書きされた封筒や包紙に入れられていた—によるものなのかは不明であるが、親しいと思われる伊藤や井上馨の書翰の残存状況がよくない点から見て前者かも知れない。

『周布公平文書』の主な来翰と周布公平書翰

氏　名	来翰	発翰
山県有朋	48	0
杉孫七郎	13	0
李家隆介	10	—
平塚広義	5	—
品川弥二郎	4	9
桂　太郎	3	1
西園寺公望	3	1
伊藤博文	3	0
児玉少介	3	—
原　嘉道	3	—
秋山恕卿	3	—
野村　靖	(1)	3
大木喬任	0	14
井上　馨	0	7
田中光顕	0	3
藤波言忠	0	3
木戸孝允	0	3

※発翰または来翰が３通以上ある者。( ) 内は第三者宛、発翰の「—」は関係文書なし。

書翰の内容を見てみると、明治初年から大正期まで、最も長い期間にわたって書翰が残存しているのが従兄である杉孫七郎で、周布のベルギー留学以前の明治三年（杉1）に始まり、滞欧中（四通）、明治中後期の在官中、また周布の隠居前後の相談（杉9・10・12）等も含まれている。周布の帰朝後、明治十年代の来翰は数が少なく、寺島宗則からの簡単な連絡（寺島1）と、小松宮嘉彰親王から大山巌への一通—本書翰が何故周布の文書にあるのか不明であるが—位である。

質量共に最も充実しているのは内閣書記官長在任中のもので、中でも山県有朋首相からの書翰は二〇通と群を抜いている。内容は、秘書官の定員（山県1・4）や「〔内閣〕書記官之人員」（同12）、各省官制その他「至急改正を可要事項」（同19）、「行政才判所兼任之人名」（同11）といった官制改正やそれに伴う人事に関するもの、及び集会条例改正問題（同７）であるとか、「六十七条之理由書を枢密院に送附」云々（同10）、「会計補則云々之儀」（同14）、「勅省令え罰則を附与する法律按」（同15）といった、帝国議会開設前の法令整備に関するものが中心である。また他にも、陸軍人事に関するもの（山県９）や「陸奥より之別簡」の回覧（同18）―これは「陸奥宗光関係文書」書翰の部四一‐一二にある、経費節減問題に関する山県宛陸奥書翰と思われる―、「外務大臣より之電報」―大津事件に関するものであろう―を前首相となった山県へ回覧した返答（山県20）等もある。山県以外からの書翰にも、渡辺広吉の昇級を依頼する伊藤博文１や、伊藤博文との入閣交渉の状況を報じた野村靖１（西郷従道宛）等があり、特に後者は重要な内容を含んでいる。

兵庫県政に関するものとしては県書記官秋山恕卿からの三通が最も内容に富んでおり、知事有志の会合に誘う三浦安１、大日本武徳会に関する壬生基修・渡辺千秋１と山田信道１もある。また、神戸・舞子―周布の別荘があった―方面へ来遊した、あるいは周布に招待された貴顕からの書翰が散見される。有地品之允１、伊藤２、山県（25～28、30）等で、殊に山県は再三来遊の誘いを受けていた様である。また、山県は周布に灘の酒の送付を依頼しており（山県24）、銘酒「丹醸」を贈られて大いに気に入り、その後も「丹醸は未た尽不申、又後日相願ひ可申」と云ったり（同27）「先日御恵贈之丹醸は最も名醸に付一樽当年末迄に東京え御贈付」を頼んだり（同28）している。この時期のものとしては他に、日清戦争中の山県・白根専一の動向を報じた品川弥二郎３等もある。また、知事在任中に神戸へ入港したイタリアの軍艦に便宜を図ったとして、同国政府から贈られた勲章を伝達した西徳二郎1には、当該勲章は駐伊公使館在勤時代に受章したものより等級が低いので返納したいという返信の写しが同封されている。周布の履歴にはこの勲章の受章は記載されておらず、取消になったことが知られる。

神奈川県政関係では、県会における政友・刷新両派の対立状況を報じた平塚広義2や明治三四年の足柄下郡長不信任問題に関する李家隆介4―これは小田原警察署長の報告を転送して来たものである―、外国人課税問題に関する李家3等があり、これ以外にも両名からの書翰には県政関係のものが散見される。また、大磯や小田原の別荘地を抱える神奈川県だけあって、大磯の警察署長人事に関する伊藤3や、別邸小淘庵の井戸の水質検査に県の水道技師を派遣したことを謝する山県34、小田原古稀庵の水道工事（山県水道）に関する山県37等もある。また、知事退任後も神奈川県政界への影響力は残存していたと見え、江木翼1は大正四年の総選挙に際し、地域の有力者に非政友系候補の支援を促す様依頼するものである。

この外には、周布の嗣子兼道の結婚に関する桂太郎1・3や、周布政之助の伝記編纂*17に関する中原邦平1等が含まれている。

四、本書収録の史料について―日記の部―

「周布公平文書」には約三〇点の日記―殆んどが和綴の手帖である―が含まれているが、継続的につけられているものは少なく、数年の間を置いて突然数日分書かれている、といったものもある。今回は内閣書記官長就任前後の事情を伝える明治二二年一〇月二五日から二三年二月一一日までの日記―比較的短期間であり、また記述のない日も多いのであるが、内閣書記官長の日記は他に昭和期の藤沼庄平・次田大三郎のものがある程度で稀少なので、ここに紹介することとした―を収録したが、これは、

①明治二二年一〇月二五日～　　一一月二〇日
②　同　年一二月二三日～　　同　月二八日
③　同　年一二月二六日～二三年　二月一一日

と三冊に分かれており、各冊の前または後には別な時期のものと思われる記述がある。内閣書記官長を拝命した二二年一二月二六日から二八日までの三日間は②と③に重複して記載されている。これは②に数日記入したところで紛失したために新たに③に書直したものかとも思われる。また、①は一〇月二八日、二九日、二六日、二七日、二五日、続いて一一月一〇日から一〇月三〇日まで逆順に、といった具合に数日ごとに遡及して書かれているが、本書収録に際して日付順に整序した。

日記の冒頭で目につくのは二二年一〇月二六日夜の、イタリア公使マルチノとの会談である。公使は、英国の過大な要求を他の国によって抑制出来ること、及び交渉内容が漏洩して日本国民を刺激する可能性が低いことから、大隈重信前外相に対して条約改正交渉を外国の都市における会議方式で行う様に忠告したが容れられなかった、と語っている。また、日本国民が外国人法官の任用を忌避するのは当然だが、欧米人による土地の取得を恐れるのは、日欧の金利差から見て杞憂に過ぎない、とも述べている。

マルチノのこの談話は翌朝周布から井上毅法制局長官へ伝えられたほか、伊藤博文にも伝わっていることが確認出来る*18。条約改正については、三〇日の山田顕義法相の談話—改正交渉中止の手続問題—も見える。

爾後の数日間、日記の記述は周布自身の人事問題が中心となっている。以前から山県内相へ地方官転任を依頼していたらしく、一〇月三一日に山県を訪問した際—この時山県は、「実に容易ならさる事を仕出したるものなり」「徳義上我等はやらなければならぬ様なり居るに、誠に困却せり」と、首相を引受けざるを得ない状況に立至った苦衷を吐露している—、「地方転任の事今朝も芳川に談置きたるを内告せらる。外交に慣れ居れば開港場可然由申置けりと」状況を聞き、「目下外務に用なきを以て法制に転任して時機を待つことに談合」、翌一一月一日朝には井上毅にも会って「法制転任の事談合」している。また、この時点で既に、「外交に慣れ居れば開港場可然」との見解が示されているのも、周布のその後の経歴に鑑み注目されよう。ところが、井上の後に面会した青木周蔵外務次官が不賛成であったため、周布は一転して「法制転任見合」せを決し、「山県大臣に投書して」その旨を通じている。また、二日には芳川顕正内務次官にも面会して「地方転任の事につき山陽東海の内を内望する旨を通し置」ている。外務省在官のまま待機することとなったので、九日にローマ在勤を免ぜられ、外務省参事官兼任の辞令を受けている。

その後しばらくは外務省に出勤したり知人と往来したりして過ごしており、一一月下旬からは日記が見あたらないので状況が判然としないのであるが、年も押詰った一二月二六日に至って、組閣の大命を拝した山県に呼出され、「兼而地方官に転任之都合に致置候得共内閣書記官長其人なきを以て相勤呉」れと、内閣書記官長就任を要請されることとなる。これは帝国議会開設まで一年を切り、それまでに官制改正等を完了しておく必要があることから、法制に明るい人材を必要としたためであろう。拝命後は数日の間に挨拶回りをする一方、二七日には前任の小牧昌業から事務を引継ぎ、早速「押印書類夥多」という状況になっている。また、予定されていた叙勲が勅任官昇任によって変更されるのか否かを賞勲局に問合せているが、この時は結局沙汰止みとなったらしく、彼の叙勲は兵庫県知事へ転出後の二五年六月―勲四等、これが初叙である―まで持越しとなっている。なお、一二月二六日から二八日までの三日分が重複して記述されているのは前述の通りである。

二三年に入ってからは、正月の儀式を除き記事のない日が多いが、一月一八日に湯河原に滞在中の井上毅を訪問、一日滞在して「官制通則改正条項を調査」し、帰路には小田原に伊藤博文を訪問―本書掲載の伊藤書翰1はその答礼である―しているのが目立つ。その外では旧主毛利家の家政に関する相談や閣僚主催の夜会に関する記事が散見されるが、二月一一日を最後に日記は中絶している。

本書掲載の外、日記類では「明治十六年日記」や明治二一年駐伊公使館参事官時代の「在伊日記」、明治二六年の「覚書」、明治四一年の「地方長官会議日誌」―これは在京中に受取った各種の招待状も貼付されている―等に纏まった記述があり、また本稿執筆に当り参照した「周布公平君ノ履歴」も興味深い内容を含んでいるが、今回は紙幅の関係で割愛せざるを得なかった。今後機会があれば改めて紹介することとしたい。

〔追記〕本史料の調査に際しては倉持基・森重和雄・岡崎貴志の各氏に、調査及び仮目録作成に際しては中央大学大学院の川崎華菜氏に、また解説の執筆に当っては早稲田大学大学院の松谷昇蔵氏に大変御世話になった。記して謝意を表したい。

注

1 「周布公平君ノ履歴」（周布家所蔵「周布公平文書」所収）及び「枢密院高等官転免履歴書 大正ノ一」（国立公文書館所蔵「枢密院文書」）。以下、特に典拠に言及のない記述は両史料による。
2 妻木忠太『木戸松菊公逸話―史実参照―』（有朋堂、昭和一〇年）三九一頁。
3 周布は後年、ベルギーに縁故のある人々が結成した白耳義会の会長を務めている。
4 歴代知事編纂会編『日本の歴代知事』一（歴代知事編纂会、昭和五五年）、九二六頁。
5 本書所収「周布公平日記」明治二二年一〇月三一日及び一一月二日条。
6 加納豊『朝野人物評 第二編』（朝野新聞社、明治二三年）四一～四二頁。
7 伊藤隆・尾崎福盛編『尾崎三良日記』（中央公論社、平成三～四年）。因みに、周布の前任者である小牧昌業が尾崎の日記に登場することは少ない。
8 吉野申吉『兵庫県人物伝』（神戸同盟出版社、明治二九年）二頁。
9 歴代知事編纂会編『日本の歴代知事』二（歴代知事編纂会、昭和五六年）、三九八頁。
10 明治三〇年一二月一三日付『新潟新聞』。ただし、市島謙吉「囂々録」（早稲田大学図書館所蔵）貼付の当該記

事による。なお、尾崎三良が聞知したところでは、清浦奎吾法相は尾崎を推し、山県が周布を推したが松方の判断で周布に決定したという（『尾崎三良日記』明治三〇年一二月六日条）。

11 尚友倶楽部・小林和幸編『幸倶楽部沿革日誌』（尚友倶楽部、平成二五年）による。

12 以上は、国立国会図書館提供の帝国議会会議録検索システムによる。

13 明治四五年一月六日付周布宛桂太郎書翰（本書所収）。

14 岩壁義光・広瀬順晧編『原敬日記』（北泉社、平成一〇年）明治四五年一月九日条。

15 大正一〇年二月一七日付『東京朝日新聞』。

16 周布家の逗子別邸は関東大震災で倒壊したという（学習院大学史料館編『男爵物語』二〈昭和会館、平成一九年〉一七一～一七二頁、周布の孫松平明兼の夫人帛子談）。

17 この政之助の伝記は公平没後、妻木忠太の執筆により完成したが、印刷を終えたところで戦災に遭い焼失、見本版を底本として戦後刊行された（周布公兼「序」、周布公平監修『周布政之助伝』東京大学出版会、昭和五二年）。

18 「伊公使マルチノー氏周布公平への談話」（伊藤博文文書研究会監修《『伊藤博文文書　第一二四巻　秘書類纂外交一一』ゆまに書房、平成二七年〉一〇九～一一二頁）。

周布公平略年譜

嘉永　三年一二月　六日　長州藩士周布政之助の次男として萩に出生
文久　三年　山口城下へ移住、藩校講習堂に入学
　五月一一日　父政之助隠居により周布家を相続
元治　元年　八月　藩主嗣子元徳の護衛として下関戦争に従軍
　九月二六日　父政之助死去
慶應　二年　六月　第二次幕長戦争に従軍
明治　元年　九月　上京、のち神戸に移り英学を学ぶ
　二年　五月　横浜語学所入学
　三年　七月　大阪兵学寮幼年学舎退学
　四年　二月　藩命によりベルギーのアテネー・ロワイヤル校（ブリュッセル）に留学
　七年　英国に移る
　九年　一月　帰国
　五月三〇日　司法権大丞
　六月二七日　叙正七位
一〇年　一月一一日　廃官

一一年　七月二六日　『白耳義国志』刊行
一二年　五月一四日　法制局御用掛
　　　　八月二〇日　太政官権少書記官・法制局専務
一三年　五月　九日　兼宮内省御用掛
　　　　一一月一四日　太政官少書記官
　　　　一一月一七日　叙従六位
一四年　三月　三日　法政部専務
　　　　七月二九日　太政官大書記官
　　　　九月一六日　叙正六位
　　　　一〇月二五日　参事院議官補
　　　　一二月二八日　兼宮内省御用掛
一六年　二月　三日　叙従五位
　　　　四月二〇日　元老院議官関口隆吉地方視察に随行
一七年　六月　九日　兼制度取調局御用掛
一八年　七月一五日　万国商法編輯会議副委員としてベルギー出張
　　　　一二月二三日　法制局参事官・法制部長
一九年　一月二〇日　帰朝
　　　　四月一〇日　叙奏任官一等
二〇年　八月一八日　公使館参事官兼外務省参事官、ローマ在勤

二一年　五月　四日　第二次万国商法会議委員
二二年　七月二六日　帰朝
　　　　一二月二六日　叙勅任官二等・内閣書記官長
二三年　一月一六日　叙従四位
　　　　二月一二日　官制調査委員長
　　　　二月二一日　報告書取調委員長
　　　　五月二六日　貴族院書記官長事務代理
　　　　一〇月　一日　貴族院議員
二四年　六月一五日　兵庫県知事
二五年　六月二九日　叙勲四等授瑞宝章
二八年　二月二〇日　叙正四位
　　　　一〇月一八日　陸高等官一等
二九年　三月三一日　叙勲三等授旭日中綬章
三〇年　四月二七日　依願免本官
　　　　五月三一日　叙従三位
　　　　一二月　六日　行政裁判所長官・叙高等官一等
三一年　七月一九日　親任官待遇
　　　　一一月二四日　依願免本官
　　　　一二月二四日　錦鶏間祗候

三三年　六月一六日　神奈川県知事・叙高等官一等
三八年　六月二四日　叙勲二等授瑞宝章
三九年　四月　一日　叙勲一等授旭日大綬章、授明治三十七八年戦役従軍記章
四一年　五月　八日　依勲功特授男爵
　　　　七月一〇日　叙正三位
四四年　八月二二日　恩賜財団済生会評議員
四五年　一月　九日　枢密顧問官
大正　二年　七月三一日　依願免本官
　　　　八月　七日　隠居
　四年一一月一〇日　授大礼記念章
一〇年　二月一五日　死去（七〇歳）

周布公平　家系図

- 政之助　文政六～元治元
  - 夫人　サイ　粟屋重雄女　文政一二～明治二六
  - 昌三郎
  - 公平　嘉永三～大正一〇
    - 夫人　貞子　岩崎衛生長女　文久三～昭和一八
    - 政平
    - 於金
    - 兼道
      - 公兼
        - 兼長
        - 兼和
        - 兼定
      - 明兼
      - 光兼
      - 吉兼
      - 佐栄子
    - 千代子

後　記

上田　和子

今回翻刻した周布公平史料は、早稲田大学非常勤講師・松田好史氏が、故周布公兼氏邸で発見した未公開のものである。内容は周布公平あて書簡、日記類、執務書類、辞令等々多岐にわたるが、その中から主要なものを採録した。

公平曾孫・周布兼定氏は貴重な史料のブックレットでの刊行を快くご承諾を賜り、整理時から種々ご配意くださった。

松田好史氏は史料を整理、解読、入力し、さらに編集、数度に及ぶ校正作業、解題執筆、系図、年表作成と全般にわたり多大な労をとられた。中央大学大学院川崎華菜氏には史料発見当時から松田氏と共に整理にご協力を得た。早稲田大学大学院松谷昇蔵氏は編集過程での調査にご協力をいただいた。会員松浦真氏は画像処理、撮影とグラビア関係を担われた。

本書は、右記の方々の長期間にわたるご尽力、ご協力により完成した。厚く御礼申し上げる。そして本書が他の史料集同様、広く日本近代史研究に役立つことを願う次第である。

編者
一般社団法人尚友倶楽部《しょうゆうくらぶ》
旧貴族院の会派「研究会」所属議員により1928年に設立された公益事業団体。学術研究助成、日本近代史関係資料の調査・研究に取り組んでいる。その成果は、『品川弥二郎関係文書』『山県有朋関係文書』『三島弥太郎関係文書』『阪谷芳郎東京市長日記』『田健治郎日記』など30冊以上の資料集として出版されている。

松田 好史（まつだ よしふみ）
昭和52年生まれ、鳥取県出身。早稲田大学大学院文学研究科博士後期課程満期退学。博士（文学）。
現在、早稲田大学文学学術院非常勤講師、霞会館非常勤嘱託員。
著書『内大臣の研究—明治憲法体制と常侍輔弼—』（吉川弘文館、平成26年）、『大久保家秘蔵写真—大久保利通とその一族—』（共編、国書刊行会、平成25年）

周布公平関係文書《すふこうへいかんけいぶんしょ》
〔尚友ブックレット *29*〕

2015年10月25日　発行

編　集

尚友倶楽部史料調査室《しょうゆうくらぶしりょうちょうさしつ》・松田好史《まつだよしふみ》

発　行

(株)芙蓉書房出版
（代表　平澤公裕）
〒113-0033東京都文京区本郷3-3-13
TEL 03-3813-4466　FAX 03-3813-4615
http://www.fuyoshobo.co.jp

ISBN978-4-8295-0661-5